臺 30個 故事

管家琪◎文　江長芳◎圖

脈
澎湖列島
姊妹潭
卑南高山的農夫
大餅
卑南溪
半屏山
蘭嶼

N
W
E
S
野柳情人洞
金瓜石
劍潭
鶯歌
龜山島
劍井
中
央
濁水溪
二八水

【前言】

臺灣地景故事總匯

民間傳説所涵蓋的範圍很廣，舉凡天文景觀、地理景觀、自然景觀以及一切的動植物，都可以是老祖先們發揮想像力的主題。

這本書裡頭所收錄的都是有關於臺灣地景的民間故事，大大小小各式各樣共三十則（〈半屏山〉和〈基隆白米壺〉的故事都有兩個版本）。林務局在民國一〇二年曾經舉辦「臺灣十大地景」選拔活動，前十名分別是：野柳、

玉山主峰、日月潭、金瓜石、龜山島、月世界泥岩惡地、雪山圈谷、清水斷崖、火炎山自然保留區和大、小霸尖山，前五名的相關民間故事我們都收錄進來了，但是後五名則因沒有相關故事，只好「從缺」，因為民間故事畢竟不同於文學創作，民間故事是經過一代又一代先是口耳相傳、進而才進入文字流傳下來，是一項本來就已存在的文化資產。

值得一提的是，真實的歷史人物往往會成為民間傳說的主角，譬如關公、諸葛亮、岳飛、包公、施公、唐伯虎等，在民間傳說中的形象都相當豐富，而對於臺灣歷史影響深遠的鄭成功也出現在臺灣的地景傳說，我們收錄了三則，雖然故事架構頗為近似，但還是呈現出一些不同的面貌。

目錄

目錄

高山深谷是怎麼來的？

這個世界是怎麼開始的？大地又是怎麼形成的？……這些問題一定深深的困擾著老祖先們吧！因為在遠古時期即使還沒有科學知識，但觀察力、好奇心和聯想力應該都是人類一種與生俱來的能力，只不過每個人的能力有先天上的高低之分而已。老祖先們看著眼前的景物，包括自然風光、四季變換，以及一切的動植物生態，在困惑於「為什麼會這樣？」之餘，既然得不到科學上的解答，就只有運用聯想，以一個又一個的故事來加以解釋。

關於臺灣的地貌，高山族就有一個代表性的故事。

在很久很久以前，沒有高山，沒有深谷，所謂的大地就是一片平坦，河水也沒有一個次序，而是到處亂流。

有一天，洪水突然來到，人們驚慌失措的四處奔逃，跑得慢的掉進了水裡，很快就不見了蹤影，跑得快的則出於一種本能拚命的想往高處跑，但是，當時在那一片近乎平坦的大地，哪有什麼高處呢？最後，倖存的人只得全部擠在一塊地勢稍微高一點的地方，不知道該如何是好。

這時，有一個勇敢無私的人站了出來，對大家說：「把我丟進水裡吧！用我來獻祭上天，希望上天大發慈悲，盡快退掉洪水！」

於是，大家便把他抬起來，然後一使勁丟進了水裡，希望藉著這個人的犧牲來換取大家的平安。

然而，接下來的發展真是令人始料未及；洪水非但沒有退，還反而漲得更高了！

（不知道上天是什麼意思？是覺得這位老兄長得太過抱歉？）

一個頭目的女兒看到這樣的景象，決定要再試一次「用活人獻祭來退水」的辦法——

她懷抱著救人的崇高理想，義無反顧的縱身跳進了水裡！

女孩瞬間就被無情的洪水所吞噬，但說也奇怪，這次有效了！

不一會兒，大水竟然慢慢消退，而且水流之處出現了深谷高山，從此，大地就再也不是一望無際的平坦，而開始有了複雜多樣的地貌。

蘭嶼

傳說在很久很久以前，蘭嶼是一座無人島，後來天神發現這麼美麗的一座小島居然一個人也沒有，實在是太可惜，就決定要創造人類，讓人類在這座小島生活。

至於要怎麼造人呢？這個天神的辦法很簡單，也很有效率。天神隨手撿起一根竹竿和一顆石頭，往蘭嶼島就那麼一丟——好了！差不多就算大功告成了！

很快的，那顆石頭落在比較高的吉帕伯特克山山上，而那根竹竿則落在地勢比

較低的吉克卡瓦拉南山山上，它們一落地，立刻就都變出一個人來。

石頭人很自然的開始慢慢往山下走去，竹竿人則在原地漫無目標的瞎轉圈。本來石頭人要與竹竿人碰面可能還需要好一段時間，幸好竹竿人轉了好一會兒都看不到一個同伴，又害怕又傷心，不禁哭了起來，這一哭，他的哭聲就把石頭人給引來了。

就這樣，石頭人找到了竹竿人，兩人都非常高興。從此，他們形影不離，不管做什麼都在一起，一點也不寂寞。

不過，光是他們兩個人還不行，於是，過了一段時間，奇蹟再度發生。兩人的膝蓋忽然變得好癢，一癢就抓，結果居然就這麼愈抓愈腫，這樣過了十個月，從兩人的膝蓋分別迸出了兩個寶寶，而且從兩人左膝迸出來的都是女嬰，從右膝迸出來的則都是男嬰。

這四個孩子長大以後，都結了婚，石頭男孩娶石頭女孩，竹竿男孩娶竹竿女孩。然而，這兩對年輕夫妻後來所生下的寶寶，不幸都是先天失明。

怎麼會這樣呢？

為了避免悲劇重演，兩邊的家長討論再三，決定以後一定要加以調整，互相嫁娶，就是說竹竿男孩娶石頭女孩，石頭男孩則娶竹竿女孩。

這麼一來，生下來的寶寶就很正常了。

（看來老祖先似乎也觀察到了不可以近親繁殖這一點呀。）

蘭嶼情人洞

蘭嶼位於臺灣的東南方，在太平洋上，相傳因為島上有很多美麗的蘭花，所以叫做「蘭嶼」。島上主要的居民是雅美族。這裡有一個有名的山洞，和不少頗為象形的大石頭，民間故事把這個山洞和幾個大石頭統統串在一起，就是〈情人洞〉。

很久很久以前，在這座小島上有一個青年，名叫索雅，以打魚為生。有一天，他照例出海打魚的時候，碰到了一件奇怪的事。這天，索雅的運氣奇差無比，奮鬥了好久，幾乎一無所獲，就在他正準備打道回府的時候，居然打到了一隻很大的蝴蝶。

這可真是太奇怪了，蝴蝶怎麼會在海裡呢？再說，索雅以前當然也見過蝴蝶，可從來沒見過這麼大的蝴蝶。

索雅把溼淋淋的蝴蝶輕輕的放在船板上。過了一會兒，大蝴蝶的翅膀乾了，似乎力氣也恢復了，便飛了起來。這隻大蝴蝶彷彿很通人性，並不急著立刻飛走，而是在索雅上方盤旋了三圈，索雅感覺大蝴蝶好像是在跟自己說「謝謝」，便也熱情的說：「去吧去吧，要小心一點喔，不要又掉到海裡去了，什麼時候有機會來我們那裡玩吧，我們那裡很美的，你一定會喜歡。」

自言自語說完這番話，索雅感覺好像看到大蝴蝶還朝著自己點點頭呢，彷彿是說「好的，我一定會去」。

翌日清晨，索雅吃過早餐就朝海邊走去，一路上還在想著，希望今天的運氣能夠好些，昨天的情況實在是太糟糕啦。

經過一棵龍眼樹時，索雅無意中抬頭一看，發現樹上有一張好大的蜘蛛網，上面有一隻好大的紅頭蜘蛛，正在慢慢移動。索雅順著紅頭蜘蛛移動的方向看過去，看到一隻大蝴蝶一直在動個不停，顯然是不小心觸到了蜘蛛網，想要掙脫卻力不從心。索雅頓時動了惻隱之心，沒有多想就趕快從地上撿起一根竹枝，然後上前打跑了那隻紅頭蜘蛛，救下了那隻大蝴蝶。

這時，索雅突然感覺眼前這隻大蝴蝶十分眼熟，怎麼那麼像自己昨天從海裡救起的那隻大蝴蝶啊？

索雅小心的捧著大蝴蝶，不禁喃喃道：「啊，難道真的是你？你真的來玩了？真不好意思啊，你一來就碰到了危險，去吧，以後要小心一點啊。」

他把雙手舉高，大蝴蝶對於索雅的心意也很能夠心領神會，迎風飛了起來，但也同樣並不著急著離開，而是在索雅的上方又盤旋了三圈。索雅又感覺到彷彿看到大蝴蝶朝著自己點了點頭，這麼一來，他更相信這就是昨天自己救的那一隻蝴蝶。

索雅一連救了同一隻大蝴蝶兩次。這個時候，他還不知道這意味著一段多麼特殊的奇緣即將展開。

這天，索雅的運氣很好，一掃前一天的陰霾，來了一個大豐收。黃昏時分，當他滿載而歸的時候，途經海邊，突然看到有兩隻中了箭的小獅子正在海邊奔跑，跑著跑著大概是體力不支而雙雙倒了下來。好心的索雅馬上把東西放下，上前察看兩隻小獅子的傷勢，還好都沒有傷到要害。於是，他小心的替小獅子把箭拔掉，又在附近摘了一些草藥，用石頭搗糊，然後敷在小獅子的傷口，最後還把兩隻小獅子送到不遠的一處岩洞，輕聲說：「你們就在這裡好好的養傷吧，在這裡沒人會再傷害你們了。」

忙完這一切，索雅才回頭拿起自己今天的魚貨，到菜場賣掉，再買了一些食物回家。還沒等他走到家門口，遠遠的就看見家裡冒出了炊煙。這可把索雅搞糊塗了。他的父母早已去世，家裡只有他一個人，家裡怎麼會好端端的冒出了炊煙，誰這麼好心來給他做飯啊？

想著想著，索雅加快了腳下的步伐，想趕快回家去看看到底是怎麼回事？

稍後，等索雅一到家——

他簡直不敢相信自己所看到的景象！

竟然有一個年輕漂亮的姑娘，穿著一身好看的花衣裳，正站在他簡陋的廚房裡做飯哪！

索雅看得都呆了，低低的自言自語道：「我是在做夢嗎？」

然而，這竟然不是夢。瞧，美麗的姑娘朝他笑著，還溫柔的說：「別站在那裡發呆了，快準備吃飯啦。」

索雅還是動不了，望著姑娘直發愣，「你是誰？為什麼要來幫我做飯？」

姑娘說：「為了報答你啊，你都救了我兩次了，你真的是一個大好人！能夠為你做這麼一點小事實在不算是什麼啊。」

「我救了你兩次？」索雅還是一頭霧水。

接下來，姑娘就告訴索雅，她是蝴蝶王國的蝴蝶公主，原本住在臺灣島上，前幾天東海龍宮的小青龍負責到臺灣島上行雨，見到了她，就把她搶到龍宮，想逼她成親。可是蝴蝶公主非常不樂意，就趁小青龍酒醉的時候悄悄逃出龍宮，只是由於不諳水性，差一點就淹死，就在危及萬分的時候，突然被一張大網網住，終於得救。

這就是索雅第一次救蝴蝶公主的情形，雖然索雅當時只是在無意中正好出手相救，蝴蝶公主還是非常感念，聽到索雅說要自己來蘭嶼玩，就真的來了。

但是，蝴蝶公主沒想到蘭嶼居然有小青龍的爪牙，就是那隻紅頭蜘蛛。

這天，紅頭蜘蛛一早就結了一張大網，想要捉住蝴蝶公主，然後送去給小青龍。不久，當蝴蝶公主正在東張西望尋找索雅的家在哪裡的時候，一個不小心，就撞上了那張可怕的大網。幸運的是，索雅剛好經過，而且再度救了蝴蝶公主。這一次，索雅是主動相救，令蝴蝶公主更為感激。

連續兩次都是因為索雅，蝴蝶公主才得以死裡逃生。蝴蝶公主覺得索雅的人實在是太好了，為了報答他，蝴蝶公主表示願意跟索雅成親，做索雅的妻子，問索雅願不願意？

這樣的好事，索雅自然是一百個、一千個願意呀。就這樣，他們開始生活在一起，成了一對恩愛的小夫妻。每天早上索雅出海打魚之後，蝴蝶公主就在家裡操持家務，到了傍晚一定做好飯菜等著索雅。從此，索雅打起魚來就更有勁兒了，而每到黃昏靠岸之後，想到有嬌妻在家等著，回家的腳步也比以前要輕快許多。

索雅原本以為這樣幸福美好的日子會永遠持續下去，誰知有一天，當他出海之後，碰上了狂風巨浪。索雅想到妻子，想到他們的家，不管風雨再大，他都還是咬著牙苦苦堅持著……

另一方面，守在家裡的蝴蝶公主，見到風雨不斷增強，心裡真是著急得不得了。蝴蝶公主在家坐立難安，乾脆跑到海邊去等，就算這個時候風力更強，雨

勢更大，蝴蝶公主也不怕，還是堅持要待在海邊等著索雅回來，只是看到大浪掀得那麼高，蝴蝶公主真是心急如焚。

蝴蝶公主沒有想到，這一等就是一整夜，一直到第二天清晨，都還不見索雅回來。

這可怎麼辦呢？索雅究竟到哪裡去了？還是——蝴蝶公主搖搖頭，不願意去想可能的最壞情況。

就在這時，之前被索雅救過的那兩頭小獅子跑到海邊，告訴蝴蝶公主，他們剛才經過距離海邊不遠的一個大石洞時，看到洞口有一隻很大的紅頭蜘蛛正在結網，而從洞裡傳出一個年輕男孩的聲音，好像在呼喚蝴蝶公主的名字。

「那一定是索雅！」蝴蝶公主急壞了。

得知索雅被困，蝴蝶公主真是大吃一驚。但是，更可怕的事還在後面。兩頭小獅子緊接著又說，他們聽紅頭蜘蛛得意洋洋的表示，小青龍已經領著大批的蝦兵蟹將往蘭嶼這裡殺來，誓言要把蘭嶼這裡的人全部殺光，然後把蝴蝶公主給搶回去！

眼看大難臨頭，蝴蝶公主臉色蒼白，惶惑不安，不知道該怎麼辦。結果還是兩頭小獅子對蝴蝶公主說，因為索雅也救過他們，他們不忍心置之度外，所以，他們現在就是要來海邊抵擋即將到來的龍宮大軍，但恐怕也只能抵擋一時，因此要蝴蝶公主趕緊飛到天庭去向神明求救。

蝴蝶公主心想，也只能這樣了，便趕緊按兩頭小獅子所拿的主意，拚命振翅往上飛，就這麼飛呀飛呀飛到了天庭，順利的見到了神明，同時，神明也願意幫忙，給了她一塊可以解難的玉石。不僅如此，神明還讓母雞童子下凡一起幫忙去抵擋來自龍宮的攻擊。

可是，有一個麻煩事，那就是神明所給的玉石是「一次性」的，也就是說，只能用一次，這麼一來，局面就很棘手了；因為，如果拿這個玉石除掉小青龍，蜘蛛網就破不了，而如果拿這個玉石去砸蜘蛛網，就沒有寶物來對付小青龍，這可怎麼辦呢！

蝴蝶公主著急萬分，眼看著小青龍所率領的蝦兵蟹將就要衝到蘭嶼島，如果不先對付小青龍，蘭嶼的鄉親父老恐怕都難逃小青龍的毒手，可是，這麼一來，被紅頭蜘蛛困在洞裡的索雅該怎麼辦？沒有了玉石，那就沒有辦法救索雅了啊！

蝴蝶公主心亂如麻，一直在想著：「怎麼辦？怎麼辦！到底該怎麼辦啊！」

「不管了，趕快先回去再說吧！」蝴蝶公主咬了咬牙，帶著玉石，領著母雞童子就迅速返程。

才剛剛到達蘭嶼上空，蝴蝶公主就聽到陣陣淒厲的哭聲，響徹雲霄。蝴蝶公主低頭一看，只見兩隻小獅子正在海邊與小青龍拚鬥，而驚天巨浪正步步進逼，一旦拍岸，蘭嶼的老百姓只怕沒人能夠逃得過，眼看即將遭到滅頂之災，難怪大家都要哭天喊地，亂成一團了。

看到這樣的景象，蝴蝶公主不再猶豫，馬上揚起那塊神明所賜的玉石，劈頭就朝著那可惡的小青龍給砸了過去！

小青龍慘叫一聲，應聲而倒，腦袋滾落下來立即在海邊化成一個形似龍頭的大礁石，傳說就是現在蘭嶼島上的「龍頭岩」，而那塊除掉這隻惡龍的玉石，就變成現在的「玉石岩」。

那兩隻好心的小獅子，在力竭而死以後，也化作兩塊石頭，永遠臥在了海邊，就是現在蘭嶼的「雙獅臥」。

平息了海邊的戰爭，拯救了蘭嶼的老百姓以後，蝴蝶公主眼淚汪汪的攜著母雞童子趕到了索雅被困的那個大岩洞，母雞童子首先飛到蜘蛛網前面，張口一咬就把那隻紅頭蜘蛛給啄到地上。然而，因為紅頭蜘蛛很毒，母雞童子在啄死紅頭蜘蛛之後，還來不及把擋住洞口的蜘蛛網弄開，自己也中毒身死，與紅頭蜘蛛一起也變成了石頭，就是現在島上的「母雞岩」和「紅頭岩」。

蝴蝶公主拚命想搗毀蜘蛛網，但看似軟綿綿的蜘蛛絲實際上卻是堅硬無比，無論她用石頭怎麼樣的拚命猛砸，又拿工具怎麼樣的拚命猛敲，都紋風不動，最後，蝴蝶公主在情急之下不顧一切用自己的頭去拚命的撞，終於把蜘蛛網給撞破了，可是，蝴蝶公主也血流滿面，就這麼抱憾而死。

索雅終於獲救了，然而，眼看蝴蝶公主為了救自己而死，他哪裡還有活下去的念頭？

索雅甚至不肯離開岩洞，抱著蝴蝶公主一連哭了七天七夜，就這麼殉情了。

他們的淚水與血水在洞內匯聚成一個深潭。後來，潭水溢了出來，順著洞口往外流，很快就變成一條小溪。

又過了一陣子，小溪兩岸長出一種花，花朵酷似一隻隻的大蝴蝶，非常美麗。後來，大家都說這種花一定就是蝴蝶公主變的，從此，大家都管這種花叫做「蝴蝶蘭」，管這個岩洞叫做「情人洞」。

半屏山

半屏山，位於臺灣高雄市境內，左營、楠梓兩區交界之處，蓮池潭之東北邊，與龜山隔潭對峙。「半屏山」遠遠望去，就像半座大屏風似的，所以叫它半屏山。

那麼，半屏山如此模樣是怎麼來的呢？在民間傳說中有兩個版本。一個版本是說，這跟一位仙人想要找徒弟有關，另一個版本則是把半屏山擬人化，然後說半屏山的特殊模樣是跟他過分自大有關。

我們先看第一個版本。

相傳在很久以前，有一位仙人想要在凡間收一個徒弟。至於收徒弟的標準，仙人希望能夠找一個不貪心、懂得知足的徒弟。但是，要怎麼樣才能在茫茫人海中找到這樣的徒弟呢？

一開始，仙人還沒想好應該怎麼做，直到來到左營一帶，看到一座大山的時候有了一個主意。

只見仙人輕輕的把衣袖一揮，大山便瞬間崩蹋，但是令人驚奇的是，滾落下來的竟然不是泥土和石塊，而是一個個香噴噴的大餅！而且數量之多，數也數不清。

仙人在這座大餅堆成的小山前面豎

了一塊牌子，上面寫著：「一文錢買一個，兩文錢隨便拿。」

然後，仙人就靜靜的站在那兒，等著大家過來買大餅。

附近的老百姓早就被這個極大的動靜給吸引過來了，一看到牌子，每個人的第一個念頭都是——「一定是寫錯了吧！」

天下哪有這樣的道理呢？花一文錢只能買一個大餅，可是只要花兩文錢就可以隨便拿？拿多少個大餅都可以？

可是，一問那個賣大餅的，人家卻堅持沒有寫錯，確實就是這樣，「一文錢買一個，兩文錢隨便拿」。

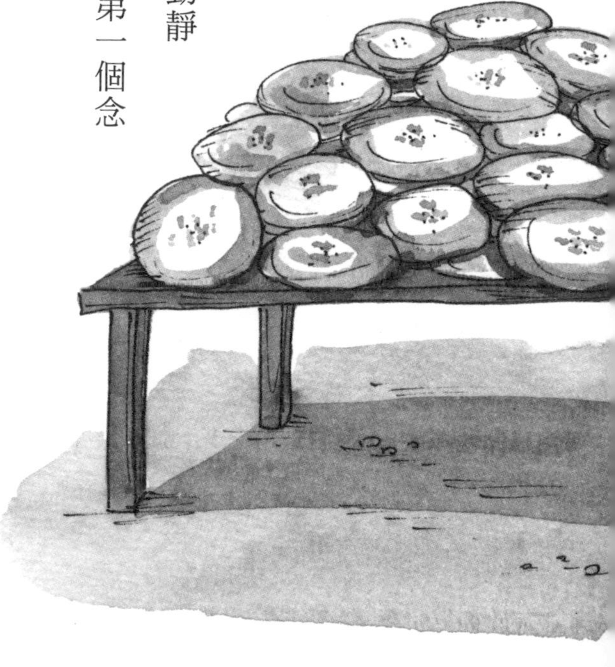

這麼一來，每個人無一例外都理所當然的掏出兩文錢，然後就大拿特拿，也不管吃不吃得下、或是需不需要這麼多的大餅，大家都覺得這樣才划算，傻子才會花一文錢只買一個大餅咧。

可是，仙人就是想要等一個傻子，或者說想要找一個傻子。

仙人等了很久很久，終於等到一個年輕人，不理會別人的取笑，老老實實的拿出一文錢，說想要買一個大餅。

後來，這個年輕人就跟仙人一起走了。而那座塌掉一半、只剩下一半的山，從此就被稱作「半屏山」，據說是仙人特意讓它保持這樣的模樣，來提醒世人不要貪心，要懂得知足，因為知足方能常樂。

另外一個關於半屏山的版本，在故事開始之前，半屏山也不是我們現在看到的活像半座大屏風的樣子，而是一座高高的山。由於這座山很高，自我感覺很好，覺得再也不可能有別的山會比自己高，有一天，竟然跟玉山嗆聲，說人家都說玉山很高，是臺灣最高的山，可是他不信，他要找天神來評評理，看看到底是他高還是玉山高？

剛巧天神經過，聽到這座山如此不可一世的言論，覺得他真是既狂妄又可笑。接下來，天神根本懶得囉唆，直接命令雷公來教訓一下這個不知道天高地厚的傢伙。

雷公受命前來，只不過輕輕的敲了一下錘子，這座山立刻「轟隆」一聲，塌下了一半！

據說，這座山從此就成了我們現在看到的樣子了。

基隆白米壺

這個故事的內容和「半屏山」類似，都是在告誡世人「不要貪心」。基隆有一個仙洞，供奉著媽祖，旁邊就有一個媽祖廟。之所以說是「仙洞」，是因為這裡會有奇蹟發生，而且相傳在很久很久以前，這裡的奇蹟就算不是天天發生，也是經常性的發生。

怎麼回事呢？這個洞就表面上看來並不起眼，就是一個普普通通的洞，但是洞的上端有一個空隙，居然有事沒事就會漏出一些白米來，更奇特的是，白米漏出來的數量好像是有仙人仔細掐算過，不多也不少，都是剛剛好足夠媽祖廟裡那個看廟的人吃。如果某天廟裡來的人多，看廟人需要的白米多，當他來取白米的時候就會發現當天的白米也比平常漏出的多，剛好可以滿足他的需求。

這個仙洞如此神奇，當地的人都稱之為「白米壺」。

如果看廟人就這麼老老實實的靠「白米壺」「養」著，沒有妄念，從「白米壺」漏出來的米或許還能夠源源不絕，可惜，這世間知足的人、沒有貪念的人實在是太少了。

有一天，一個號稱擅長看風水的人來到廟裡，看廟的人帶他去看看著名的「白米壺」，可是此人不相信什麼奇蹟，認為一定是洞裡存放著很多很多的白米，所以才會有白米從那個空隙裡漏出來，至於每次漏出來的白米數量都剛好足夠所需，風水先生表示這一點也很好解釋，就只是一種單純的巧合罷了。

風水先生還說：「為什麼你不把這個空隙鑿得大一點，這麼一來每次漏出的白米不是就會更多了嗎？」

在風水先生的大力鼓動之下，看廟人漸漸動心了，最重要的是，他已經被強烈的好奇心所控制，促使他也很想一探究竟——洞裡是不是真的存著大量的白米？

想要證實這個問題只有一個辦法，那就是鑿鑿看了。然而，很遺憾，鑿過之後，就那麼一次，白米漏出來的數量確實是比以往要多一些，可是也就僅此一次，從此這個仙洞再也沒有免費的白米了。

看廟人為此悔恨不已，深信一定就是因為自己的貪念，才會導致這樣的惡果。但是，錯已鑄成，再怎麼後悔也來不及了。

這個故事還有另外一個版本，明確交代了看廟人貪心的下場。

這個版本是說，風水先生在鼓動看廟人把仙洞空隙鑿得大一點的時候，看廟人原本也有過猶豫，認為白米漏出來太多也沒用，因為自己也吃不完，這時，風水先生就取笑道：「你怎麼這麼傻呀，吃不完的可以拿去賣啊，賣掉之後你不是就有錢了，就不必再做這個辛苦清貧的看廟工作了，這樣不是就一勞永逸了嗎？」

據說，看廟人就是這樣才被說動的。結果，後來當「白米壺」再也漏不出白米的時候，他就活活的被餓死了。

野柳

野柳的地形非常特別，就我們肉眼看來，這裡整個兒就像是一個童話世界。

「女王頭」、「仙女鞋」、「燭臺石」、「臺灣石」、「獅頭石」、「龍頭石」、「金剛石」、「象石」、「蜂窩岩」、「冰淇淋石」、「花生石」、「菠蘿麵包」、「豆腐岩」、「炸雞腿」、「棒棒腿」、「豬前腳」、「豬後腳」……這些全是野柳的景點，而且全是依照「象形」原則所取的名字，並不是說「豬腳」、「雞腿」、「豆腐」、「冰淇淋」等這些食物有多麼的童話，而是因為這些景點、這些石頭的模樣看起來實在是太像豬腳、雞腿之類的食品，讓人看了不禁莞爾一笑，很有一番童趣。

不過，或許因為景點（石頭）太多，老祖先們很難為每一個石頭都編一個故事，在這裡我們就講一個小故事作為代表，而這個小故事同時又把幾個景點串在了一起。

這是一個關於仙女的故事。

「仙女」給人的感覺都是很柔美的，不過，野柳的仙女卻很彪悍。

傳說昔日有一隻烏龜精潛伏在海中作祟，玉皇大帝得知消息，便命一個仙女下凡收妖。

仙女奉命，騎著一頭大象抵達野柳，很快便找到了烏龜精，揮舞著寶劍對著烏龜精大罵：「你這個可惡的傢伙，看我今天非要好好的收拾你不可！」

然後，仙女和烏龜精就展開了一場大戰。

戰鬥結果，烏龜精雖然僥倖不至於丟了性命，但也被仙女收拾得半死，奄奄一息。據說，從此每當天候不佳的時候，野柳岬便會冒起一股白煙，這時老百姓就會說：「半死不活的烏龜精又在喘氣啦。」

而仙女在戰鬥中，不慎丟失了一隻鞋子，這就是「仙女鞋」。看看「仙女鞋」的模樣，我們就會恍然大悟原來這位厲害的仙女當初是穿著拖鞋下凡收妖的。另一方面，可能是因為戰鬥太過激烈，後來仙女在完成任務之後，竟然忘了把大象騎回天庭，所以到現在這頭大象還癡癡的等在原地，等著仙女來把自己帶回天庭。這就是「象石」。

而在「仙女鞋」和「象石」附近的「花生石」，自然就是留給這頭戰象的食物啦。

野柳地質公園的奇岩是怎麼形成的呢？

野柳的奇岩怪石主要是受造山運動的影響，使得深埋在海底的沉積岩上升至海面，經過長期的海水侵蝕、風化後所形成的。

野柳比較特別的海蝕地形有「仙女鞋」、「象石」、「花生石」、「燭臺石」、「薑石」、「地球石」……這些都是質地較堅硬的石灰質結核或塊石，在差異侵蝕作用下所形成的。而最具代表性的女王頭（英國伊莉莎白女王頭像）是典型的蕈狀岩；另「仙女鞋」屬於一種薑石，是因為岩層中含有較堅硬的鈣質岩塊，而在這些鈣質岩塊周邊又是較為鬆軟的岩層，長期受海水淘洗而剝落，加上地層擠壓而形成縱橫交錯的裂縫，就留下非常逼真的鞋子的造型。

野柳情人洞

相傳曾經有一對戀人，因為戀情遭到家人的反對，兩人在心灰意冷之餘，竟產生了十分消極的想法，打算要用殉情這樣極端的手段來證明彼此的愛情，並且向所有阻撓他們相愛的人表達最強烈的抗議。

這天，他們悄悄來到野柳，找到一個特別的山洞，決定要在這裡結束他們的生命。

說是「一個山洞」，其實是兩個緊緊相鄰的海蝕洞，只是由於內部相通，所以從外面看來就好像是一個洞。

兩人靠在一起，流著淚互訴衷腸，說著說著、哭著哭著，不知不覺就互相依偎著睡著了。

女孩做了一個夢，夢到一隻非常漂亮、還會張口說人話的小鳥，小鳥用溫柔的語調呼喚著女孩的名字，並且不斷的安慰她，勸她要珍惜寶貴的生命。

不久，女孩悠悠醒來，轉頭一看，愛人也正迷迷糊糊的張開眼睛，顯然也是剛剛醒來。

「我剛才做了一個夢——」女孩說。

「我也是。」

「我夢到一隻小鳥——」

男孩的眼睛一下子睜得好大，「我也是！」

「這隻小鳥會說話——」

男孩馬上追問：「小鳥說了些什麼？」

「要我別做傻事，要珍惜生命——」

「啊，我也是！」

「什麼？你的意思是——」

男孩說：「剛才我也做了一個夢，也夢到一隻小鳥，對我說了好多話，就像你說的一樣！」

女孩不敢相信，但是兩個人仔細一對，發現他們方才確實是做了一個相同的夢！

兩人都相信這是一個徵兆，是上天有好生之德，特別用如此奇異的方式來勸他們打消輕生的念頭。

於是，兩人的手緊緊的握在一起，就這樣踏上了返家的道路。

不管未來會有多麼的困難，他們都決定要勇敢面對，不要再有那樣消極和逃避的想法了。

後來，這個故事慢慢傳了出去，大家便把這個內部相通的洞稱作「情人洞」。

中央山脈

中央山脈有不少高山族的傳說，這裡我們就說一個故事，是關於一對姊妹花盲目戀愛的故事。

姊姊名叫雪凱，妹妹名叫泰懷絲。姊妹倆都長得很漂亮，一到了亭亭玉立的年紀，身邊自然不乏很多青年的追求。姊妹倆很快的就都有了意中人，但說來荒唐，姊妹倆對於自己的意中人可以說根本一點也不了解，妹妹泰懷絲知道情人很會唱歌，姊姊雪凱則著迷於情人能夠用嘴巴吹出動人的曲調，就因為這樣的理由，姊妹倆瞞著家人，私底下就已經跟情人好得要命，難分難捨了。

姊妹倆都很想讓對方見見自己的心上人，同時也很想看看對方的心上人是什麼樣子，她們偷偷的相約過很多次，想要滿足自己的好奇心和虛榮心（因為她們都深信自己的心上人比較出色），但始終沒能如願，也不知道是出於一種怎樣的巧合，這兩個輕易虜獲姊妹倆芳心的年輕人從來就沒有見過面，每次都是這個剛走，那個就到，要不然就是那個才說要來，這個馬上就有急事得快快離開。

這樣過了一段時間，就在姊妹倆也開始漸漸起疑的時候，真相終於暴露，原來，那兩個年輕人根本就不是人類，而是妖怪！

首先發現自己被騙的是妹妹泰懷絲。一天夜裡，青年看到泰懷絲身上所繫的腰帶，非常喜歡，就對泰懷絲說：「你這條腰帶真漂亮，正好在這個月月圓的時候，我們那裡要開一個月光舞會，你把這條腰帶借給我用一下好不好？」

泰懷絲嬌笑道：「你要一個女孩子的腰帶做什麼呀！」

青年說：「沒關係的，我覺得這條腰帶太好看了，我想在舞會那天作為身上的裝飾。」

既然情人這麼喜歡，泰懷絲也就大方的答應了，只是一聽說有月光舞會，她也興致勃勃的說：「到時候也帶我去參加好不好？」

青年有些為難道：「我們的舞會，外人是不能參與的。」

泰懷絲不死心，「那我就在旁邊看看好啦！」

她說了又說，好不容易心上人才總算勉強同意了，但還一直交代她：「到時後你就在一邊看我們唱歌跳舞就好了，千萬不要搗亂，知道嗎？」

泰懷絲心想，這可能是人家那一族的規矩吧，那當然不好勉強，便滿口答應。於是，從這天開始，泰懷絲就天天熱切的期待，希望月圓之夜趕快到來，這樣她就可以和心上人一起去參加舞會了，哪怕到時候自己只能在旁邊看看也好啊，說起來她到現在還沒有見過心上人的家人和朋友呢，泰懷絲心想，到了舞會那天，她一定就可以和他們見面了。

泰懷絲等呀等呀，終於，月圓之夜到了。泰懷絲刻意把自己打扮得光彩照人，高高興興的朝著青年所說的舞會地點走去。

可是，好奇怪啊，泰懷絲到了約定的地點一看，別說有什麼舞會了，根本看不到有什麼人家，放眼望去就只是麥田，麥田中間有一個大池塘。

「這是怎麼回事啊？」泰懷絲感到非常納悶，「他為什麼要騙我呢？」

就在泰懷絲感到十分掃興，正準備要離開的時候，從那個大池塘傳來了一陣陣響亮的蛙鳴。泰懷絲不自覺的轉頭看過去，看到有好多青蛙正在那兒蹦來蹦去，好像正在舉行什麼盛會似的。

突然，泰懷絲看到了一個熟悉的東西——

她簡直不敢相信，以為一定是自己看錯了。為了證實這一定只是一個誤會，泰懷絲遂移動腳步慢慢朝著那個大池塘走去——

泰懷絲究竟看到了什麼？

答案是，她看到了自己的腰帶！就是那天她借給心上人的腰帶！

泰懷絲記得很清楚，心上人特別喜歡這條腰帶，說在月圓之夜要帶著這條腰帶來參加月光舞會，既然如此，這條腰帶現在怎麼會在這裡？而且——還被那些青蛙搶來搶去！

泰懷絲滿腹狐疑，馬上衝過去想要把自己的腰帶搶回來。她一衝過去，青蛙們都立刻跳進水裡，唯獨有一隻大青蛙，居然還死死的扯住那條腰帶，不肯鬆手。泰懷絲氣壞了，蹲下來隨手撿起一個石頭就朝那隻大青蛙丟了過去！

第二天晚上，泰懷絲的情人像往常一樣來找她，只是他是摀著腦帶來的，一臉相當痛苦的樣子。

兩人一見面，泰懷絲自然是馬上一迭聲的埋怨他：「你為什麼要騙我啊？說有什麼舞會，可是根本就沒有，而且你還把我的腰帶亂丟——」

泰懷絲怎麼也想不到，接下來，青年竟然板著臉很不高興的對她說：「你也太過分了吧！我不是告訴過你，來了以後在旁邊看看就好，你為什麼要大鬧一通，還拿石頭丟我，害我到現在頭還很痛，今天都唱不了歌了！」

「什麼！」泰懷絲這才恍然大悟，原來自己的情人竟然是一隻大青蛙！

泰懷絲二話不說，馬上就把這個傢伙給轟了出去！

相較於妹妹泰懷絲，姊姊雪凱的遭遇就更不幸了，在發現情人的真面目之後，甚至還丟了性命。

那天，雪凱的情人說要帶她回家，雪凱想到要跟情人的家人見面，非常高興，欣然前往。但走著走著，雪凱見心上人怎麼總是走那些草叢而不肯走大路，不免疑竇叢生，可是無論她怎麼問，青年就是不吭聲，只管悶著頭向前走。

當青年終於宣布「我家到了」的時候，雪凱看到一座大房子，總算鬆了一口氣。奇怪的是，房子裡空空蕩蕩，一個人也沒有。

雪凱正在納悶，青年說：「我要去外面汲水，你自己先坐一下吧。」

接著，青年再三叮囑雪凱，這個房子她哪裡都可以去、都可以看，就是千萬不要去開雜物間的那扇門。

可是，青年愈是這樣叮嚀，反而愈是勾起了雪凱的好奇心。青年走後，雪凱一直心煩氣躁，坐立不安，一直反反覆覆的想著，那個雜物間裡頭究竟有些什麼呢？

終於，雪凱抵擋不了強烈的好奇，還是朝著雜物間慢慢走了過去——

幾天以後，雪凱的家人見她遲遲沒有回家，就到處尋找，很多族人也都來幫忙，最後，大家在一個山谷裡發現了雪凱的屍體，而在她的身邊有一條已經死去的大青蛇，以及其他許多小蛇。

大家都說，那個青年一定就是那條大青蛇變的。

玉山

玉山山頂終年白雪，遠遠望去，就像是玉山戴著一頂白色的帽子，可是，有一個老婆婆卻告訴孫子，那是土地公在玉山山頂晒白銀哪！

從前，有一個農民，一生辛勤勞動，努力打理一塊稻田和一座果園。老農原本很希望兒子能夠繼承衣鉢，但是兒子卻總覺得這種「看天吃飯」的日子太過辛苦，始終不情不願，在老農去世以後，更是經常總想著乾脆把稻田和果園賣掉算了。

有一天，當這個年輕人下田歸來，正在疲憊萬分的整理農具的時候，無意中聽到自己的兒子和母親之間的一段對話。

孩子指著玉山山頂說：「一頂白帽子！」

母親卻說：「那才不是白帽子呢，是土地公又在晒白銀啦。」

祖孫倆說者無心，一旁的年輕人卻聽者有意，望著玉山山頂的皚皚白雪，確實很像白花花的銀子呀，不免就異想天開，暗忖道：「如果能夠向土地公討些白銀，就再也不用種田啦！」

當天夜裡，年輕人做了一個夢，夢到一個滿頭銀髮、還有長長白色鬍鬚的老人從玉山山頂緩緩的走下來，一直走到自家門口。

年輕人趕緊迎上前去，客客氣氣的問道：「您一定就是土地公吧？」

老人點點頭。

年輕人遂大著膽子問道：「能不能請您送我一些白銀？反正您有那麼多

——」

土地公聽了，沒有立刻明確表示願不願意答應年輕人的要求，只是說：「這些白銀可不能亂送啊，只有積福之家才有福氣擁有——」

「積福之家？——」

年輕人正在盤算自己家夠不夠格，就聽到土地公說：「你很幸運，你父親生前做過不少好事，所以我送過他一些白銀。」

「真的？」年輕人很意外，「我從來沒聽他說過啊！」

「我知道他把那些白銀一半分給了可憐的窮人，另外一半藏在家裡，你不妨找找看。」

「真是的！」年輕人好著急，「送掉一半的銀子也就算了，可是，家裡藏了白銀為什麼不告訴我們呀！──」

年輕人一急，就這麼醒了。

醒來以後，他不斷回想夢中的情景，總覺得真實無比，好像真的有那麼回事似的。

第二天，年輕人一早醒來就急著把自己所做的夢告訴母親，並且抱著姑且一試的心態問母親，父親臨終前有沒有交代過什麼？

母親說：「我知道他確實救助過一些可憐人，其他的我就不知道了。」

這麼一來，年輕人就覺得自己所做的夢更玄了，因為他並不知道父親生前原來還救助過別人，那麼父親會不會真的也在家裡藏過什麼白銀，只不過在去世前來不及交代呢？

這麼一想，年輕人就開始在家裡翻箱倒櫃、大找特找，最後甚至連稻田和果園都被他翻了一個底朝天，因為年輕人心想，既然家裡找不到，那肯定是埋在地下了，可是他找了又找，始終都是一無所獲，什麼也找不到。

年輕人很洩氣。母親說，既然稻田和果園的土都被挖鬆了，還是好好安心種田吧。

年輕人重重的嘆了一口氣，在無奈之餘，也只得乖乖照做了。

翌年，他們迎來了可喜的大好收成。這時，母親頗有感觸的對兒子說：「也許土地公表面上讓你找白銀，實際上還是想讓你好好耕種，你看，只要肯踏踏實實的勞動，就可以靠自己的雙手來創造財富啊。」

阿里山

相傳阿里山這個名字的由來，是為了紀念一個叫做阿里的年輕人。

當時，這座山還沒有什麼樹木，也沒有花草，光禿禿的，一點也不好看，很多人都直接了當的把這裡叫做「禿山」。

阿里就住在禿山的北面，以打獵為生。

有一天，阿里正在山坡上打獵的時候，聽到附近傳來女孩驚恐的尖叫。他循著叫聲迅速察看，發現在不遠的地方竟然有一頭老虎正在追逐兩個年輕的姑娘，可憐兩個姑娘似乎嚇得魂都快沒了，互相拉扯著沒命的奔跑。

阿里見狀，馬上勇敢的從山坡上跑下來，然後逕直朝著老虎就衝了上去，再用力一躍，跳到了虎背上，然後舉起尖刀就朝老虎猛刺，很快便結束了老虎的性命。

老虎死了，可是兩個女孩似乎還是十分驚嚇，慌慌張張的還是想逃。阿里還來不及追上去問怎麼回事，突然又看到一個拄著枴杖的白髮老頭不知道從哪裡冒了出來，擋住了兩個女孩的去路，而且還不顧女孩的反對，很不客氣一個勁兒的抓著她們就往南山的山坡上拖。

阿里看到那兩個剛剛才被自己從虎口救下來的姑娘，居然才一眨眼又被一個老頭欺負，簡直快氣炸了，立刻拋下死老虎，一個箭步衝上去，一把奪過老頭手中的枴杖，就朝老頭的腦袋重重的敲了一記！

老頭「哎喲！」一聲，前額馬上突起了一個大包包！

老頭痛得大喊，手一鬆，放開兩個姑娘，連枴杖也不要了，只顧摀著前額，一甩衣袖，然後就——升天了！

請注意，這裡所謂的「升天」不是「完蛋」的意思，而是「雙腳離開地面、朝著天上而去」！

阿里仰著頭呆呆的望著騰雲駕霧而去的老頭，愣愣的想著，難道這個老頭是仙人？難道自己剛才打的是仙人？

就在這個時候，天空響起了一陣陣的響雷，由遠而近，愈來愈大。兩個女孩抱在一起，嚇得直打哆嗦，還一直嚷嚷著：「糟了糟了！」

阿里忙問這到底是怎麼回事？

兩個女孩說，她們是天上的仙女，因為偷偷溜下來玩，被玉帝知道了，玉帝便派老壽星下來捉拿她們，所以剛才當阿里從虎口救下她們時，她們才會來不及感謝，因為當時她們已經看到了老壽星，並且急著想要躲避老壽星，沒想到結果還是被老壽星給找到了，更糟的是，不明就裡的阿里還趕過來把老壽星給打跑了，這麼一來，玉帝一定會讓雷公來燒死這一帶的生靈！

說著說著，天空又響起了一陣霹靂，聽起來距離比剛才更近了。

阿里聽了，非常著急，「啊，那現在怎麼辦？」

兩個女孩互看一眼，其中一個告訴阿里：「你趕快跑吧，我們到南面那座禿山山頂上去把雷火引開，使雷火無法蔓延，這樣就可以保住這一帶的生靈了。」

可是，阿里不肯。阿里說：

「不行，老壽星是我打的，還是我去引開雷火吧。」

說完，阿里撿起方才老壽星掉

落的柺杖，就拚命朝南邊那座禿山山頂上跑去。

阿里一口氣衝到山頂之後，還放聲大叫道：「雷公啊！老壽星是我打的，兩個仙女是我救的，你有什麼不滿意就衝著我來吧！不要牽連別人！」

話剛說完，雷公就已駕到，聽到阿里這番話，冷冷的說了一聲：「好，那就如你所願！」

然後，轟隆一響，一個霹靂頓時掉到阿里的身上，把阿里打了個粉碎！雷火也隨之在山頂熊熊燃燒起來。雷公見任務完成，就回天庭覆命去了。

幸好在這個時候這裡還是光禿禿的，所以大火還沒燒到半山腰便自動熄滅。

誰也沒有想到，居然就是因為這樣的一場變故，原本單調的禿山反而起了變化，很快的到處都長出了花草和樹木，變成了一座美麗的山林。後來，大家都說，這些草木是阿里被雷公打死以後，由他的皮膚、毛髮和骨骼所變的，而那些花草則是兩個仙女的化身，為的是想要留在這裡永遠與阿里相伴。

為了紀念阿里，從此大家就把昔日的禿山改名叫做阿里山。

阿里山的火種

在另外一個關於阿里山的傳說裡，沒說阿里山從前是禿山，但是說阿里山的四周曾經是一片汪洋。

這是一個布農族的傳說。相傳在很久很久以前，由於被一片大水包圍，布農族的祖先被困在阿里山這片原始森林之上，不但只能以樹葉獸皮做衣服，以大樹洞穴和山洞當作棲身的地方，最糟糕的還是因為沒有火，所以大家不管打到什麼獵物都只能茹毛飲血，生吞活剝。

大家都太需要火種了，可是要到哪裡才能找到火種呢？

據說，火種後來是由一種美麗的小鳥帶來的。

有一天，幾個為了追一頭鹿而追到阿里山山頂的青年，無意中發現一個小小的光點從遠方慢慢的飛過來。

「咦？那是什麼東西？」大家都覺得十分驚訝，一個個都目不轉睛的盯著那個小光點，眨都不眨一下。

過了一會兒，神祕的光點終於來到了他們的面前，大家這才看清楚原來是一隻黑色的鳥兒，而牠的嘴裡啣著一個紅色的東西，不知道是什麼，但是大家都看得很清楚，這個東西紅得發亮，一定不是普通的東西！

小鳥在幾個青年的頭頂盤旋了幾圈之後，就把口中那個紅紅的東西扔了下來，那個東西在著地之後立刻滾到草地上，緊接著很快就冒出了火星！

直到這個時候，幾個布農族的青年這才恍然大悟，原來這隻奇異的鳥兒是好心替大家送火種來了！

再仔細看看那隻小鳥，可能是因為長時間啣著火種的緣故，牠的嘴似乎都被烤紅了。牠的腳也是紅色的，就像紅珊瑚一樣，翅膀則是像黑色的緞子，整個給人的感覺很華麗。

有了火種以後，生活就大不相同了，大家從此不用再吃生食，也從此有了光明和溫暖。

布農族人自然都非常感謝為他們啣來火種的那隻小鳥，為牠取名為「嘿必士」。大家都約定今後一定要好好的愛護嘿必士，絕不補殺，因此一直到今天，阿里山上還有很多的嘿必士。

玉山的火種

玉山也有一個關於火種的傳說。

相傳在很久很久以前，到處洪水氾濫，只有像玉山、卓社大山的山頂還露在水面之上，其他地方全部都被大水給無情的淹沒。

少數從大洪水中死裡逃生的人，都紛紛往玉山的方向逃去。帶領這些難民的有兩個領袖，一個叫做泰開德，一個叫做泰開巴。他們帶領著眾人，帶上簡單的乾糧，扶老攜幼的朝著玉山前進，只要能夠盡快到達山頂，就可保證暫時的安全。

他們花了七天七夜，終於抵達玉山的山頂。途中有很多人，多半都是那些老幼婦孺，因為體力不支，都不幸掉落到大水裡頭，並且很快就不見了。

泰開德和泰開巴把大家集中在一起，讓大家把所剩不多的乾糧統統拿出來，統一分配。這樣又撐了五天。

眼看最後一點乾糧也沒有了，兩個領袖便帶著一部分體力比較好的同伴去打獵。然而，令人喪氣的是，當他們費盡力氣，好不容易打回來的獵物，由於沒有火，大家都只能吃生的，好多同伴都因此吃出了毛病。

兩個領袖都知道當務之急就是必須要盡快的找到火，但是，要上哪兒去找呢？對於這個問題，他們誰都沒有答案。

直到有一天，答案似乎是自動出現了——他們發現遠方卓社大山上好像隱約有火光！

泰開德和泰開巴都想起傳說中神仙的火種不但可以讓大家吃熟食，甚至還可以把洪水燒乾！

「啊，那一定就是神仙的火種！」兩個人都很激動，很快就決定，為了拯救大家，他們一定要去把神仙的火種給取回來！

那麼，該怎麼樣才能達成這個任務呢？

他們首先要解決的就是該怎麼樣才能渡過一片汪洋，到卓社大山去。他們合力砍下一棵大樹，做成一隻粗糙的小船，然後就勇敢的朝著卓社大山的方向奮力的划過去。

這真是一趟充滿危險的旅程，出發的時候是兩個人，可是後來到達卓社大山山頂的時候只剩下一個人，而且還是拖著殘軀勉強到達……

原來，在他們出發之後沒多久，就突然受到一條巨大水蛇的攻擊，泰開德不幸葬身蛇腹。泰開巴僥倖逃脫水蛇之後，又遭到一隻大海蟹的襲擊，大海蟹用強壯有力的大鉗緊緊夾住泰開巴的右腳，無論泰開巴怎麼掙扎都是無濟於事，始終無法掙脫，最後大海蟹鉗去泰開巴腳底的一塊肉，才沉入了海底。

這還沒完，泰開巴忍著劇痛，勉強獨自繼續向前划行，可是才前進了沒多久，又來了一隻老鷹，先是在泰開巴的頭頂上空盤旋，很快的又朝泰開巴俯衝，凶狠的攻擊泰開巴。泰開巴又要維持小船的平衡，又要抵擋老鷹的攻擊，根本顧不過來，就這樣，老鷹逮著一個空檔，竟趁勢啄去了泰開巴的一個眼珠子！

老鷹揚長而去之後，失去了一個眼睛的泰開巴還是沒有放棄，他不顧自己滿臉是血，仍然堅持著繼續向前划行！

終於，泰開巴熬到了卓社大山，也見到了所謂「神仙的火種」，原來是一盞仙人的燈。

泰開巴提著這盞得來不易的燈小心翼翼的往回走。他現在只有一個眼睛，右腳又受了傷，走起路來一瘸一拐，很不方便，但就是這樣，泰開巴還是親眼見到了神仙火種的神奇。

看哪，只要是被神仙火種照到的地方，洪水便自動退去，漸漸的，大地又重新露了出來。

由於流血過多，傷勢嚴重，泰開巴還沒走下山坡便倒在地上死去，而那盞神奇的燈則從他手裡滑落，一直滾到山下，就此熄滅。

雖然泰開德和泰開巴都死了，但是他們的同伴卻都因此而得救了。

姊妹潭

從前，在阿里山上散居著幾十個不同的社。其中有一社的酋長，有兩個非常漂亮的女兒，姊姊名叫阿娃娜，妹妹名叫阿娃嘉。姊妹倆都能歌善舞，心地也都很善良。

在阿里山另外一頭的另外一個社，酋長則有一個兒子，名叫莫古魯。莫古魯是一個相當心狠手辣的人。

有一天，莫古魯打獵回來，無意中看到阿娃娜、阿娃嘉和其他好幾個姑娘都聚在一起唱歌跳舞，好不開心，莫古魯看著看著，不免有些蠢蠢欲動，也很想加入她們，便朝她們走去。可是，由於莫古魯平時的名聲不好，姑娘們大老遠的一看到他過來，馬上就嚇得都跑光了，只剩下阿娃娜、阿娃嘉姊妹倆沒有動。

姊妹倆對於莫古魯打斷了她們的歌舞顯得很不高興，板著臉催促莫古魯趕快離開，這麼一來，莫古魯惱羞成怒，發誓一定要報復。

過了幾天，阿娃娜、阿娃嘉就從父親那裡聽到一個驚人的消息，說由於山神不悅，現在幾個社要集體向山神獻祭，請求山神保佑，要他們這個社自動獻出五十個人頭出來，否則山神就會降下大難，把他們男女老幼統統殺光。

阿娃娜、阿娃嘉一聽，大吃一驚，忙問父親這個消息是從哪裡來的？一問之下，果然不錯，就是莫古魯那裡派人過來傳話的。

姊妹倆又害怕又不安，還非常的自責，感覺都是她們那天對莫古魯太過

出言不遜，如今才會讓大家招此大難。

當天夜裡，姊妹倆一起來到森林裡的一塊空地，跪在地上哭著向上天禱告：「天神啊，求求您保佑我們無辜的社民吧！我們願意犧牲自己來換取大家的平安！」

她們哭得很傷心，而她們真摯的心意也感動了上天，天神便將她們流出來的淚水變成兩個相連的潭水。

翌日上午，當莫古魯帶著很多人手殺氣騰騰的朝姊妹倆所在村社前進時，驚訝的發現森林裡居然憑空出現了兩個水潭，更驚訝的是，莫古魯很快就發現阿娃娜、阿娃嘉姊妹倆靜靜的站在潭水之中。

姊妹倆厲聲指責莫古魯不該假借山神的名義，企圖迫害她們的社民，並且說莫古魯一定會受到天神的處罰，看！這兩個潭水就是天神變出來的！

莫古魯嗤之以鼻道：「哼，兩個小小的水潭就想擋住我的去路？你們也太小看我們了吧！」

莫古魯立刻下令手下跳入水潭，游水過去捉住阿娃娜和阿娃嘉。

沒想到，當他們快要游到姊妹倆的身邊時，天空忽然暗了下來，並且頓時狂風大作，還下起了傾盆大雨，原本平靜的水潭也隨之掀起了駭人的巨浪，轉眼之間就把莫古魯和他的手下統統都給捲進了水裡。

而阿娃娜、阿娃嘉姊妹倆也消失在水波之中。

後來，大家就把這兩個緊緊相連，一個大一些、一個小一些的潭水，叫做「姊妹潭」。

能高山

從前，在清水溪附近有一個孤兒，在他還很小的時候，父母就去世了。這個孩子原本沒有名字，但是後來鄉親父老都用一個字來稱呼他，那就是「能」，從此，「能」就成了他的名字。

為什麼大家會這樣叫他呢？因為這個孩子是一個奇人，會做很多又特別、又了不得的事，再加上他為人非常熱心，每當大家對他提出什麼要求，問他「你能不能——」，他總是極為爽快的一口應道「能！」，因此大家都覺得用「能」來當作他的名字實在是再適合也不過。

「能」會做哪些奇事呢？比方說，他能徒手把一座山嶺扒成一層層的梯田，便於大家耕種；還能獨立搬來好多大石頭，做成水壩，攔住清水溪，便於大家引水來灌溉梯田；甚至能夠隻身進入深山，除掉會害人的猛虎和毒蛇——瞧，「能」確實是夠厲害、夠能幹的吧！

有一天，海上掀起了巨浪，一隻漁船被無情的大浪打翻，當時正在海邊的人們都清清楚楚的聽到了求救聲，這時，有人就問「能」：「你能不能下海去把那些人給救上來？」

「能」拍拍胸脯，照例說：「能！」

說完，「能」就衝進了海裡。鄉親們都緊張的看著。過了好一會兒，「能」救上來一個年輕的姑娘。

等到姑娘一甦醒過來，大家急忙問道：「船上還有些什麼人？」

姑娘哭著說：「還有我爹爹啊！」

於是，「能」立刻頭也不回的再度衝進海裡。

但是，這回無論他怎麼搜尋，就是找不到姑娘的父親。

雖然沒有任何人怪他，但是「能」卻非常自責，總覺得沒能及時救起姑娘的父親，都是自己的錯。

◎

姑娘名叫塔琳，海難之後她就留了下來，也住在這個小漁村裡。

塔琳喜歡「能」，想跟「能」在一起，但「能」或許是因為沒能救起塔琳的父親而過分懊惱，以致不肯接受塔琳的愛意。

「能」對塔琳說：「如果你需要我幫忙做什麼事，我什麼都可以答應你，唯獨這個事不行。」

「為什麼呢？」塔琳說：「你是孤兒，我現在也是孤兒，為什麼我們不能互相照應呢？」

「就是不行。」「能」還是固執的說：「說吧，有什麼其他的事是我可以幫你做的？」

塔琳想了一想，果真提出一個要求，「我聽說那片梯田是你一個人開墾出來的，你可以幫我在梯田旁邊蓋一棟房子嗎？」

實際上，塔琳是因為聽村人說過「能」很喜歡那片梯田，所以才會提這樣的要求，因為她感覺這樣就有機會多接近「能」。

「能」聽了塔琳的要求，看看前方的高山，用非常肯定的口氣說了一聲「能！」之後就走了，而塔琳望著「能」的背影，心想：「等房子蓋好了，『能』哥哥就會回來找我的，我就耐心的等著吧。」

塔琳這一等，就等了一個多月。「能」還是沒有回來。

這天，塔琳等不下去了，決定主動出去找「能」。剛剛離開小漁村沒多久，天空忽然迅速暗了下來。明明這個時候是大白天，卻忽然變得像晚上似的，空氣中還有一種濃濃的詭異和不安。不過，這並不能夠動搖塔琳尋找「能」的決心，還是堅持往梯田的方向走去。

塔琳就這樣摸黑走了好久，終於來到梯田附近，也順利找到了「能」為她搭建的房子。

塔琳左看右看，在房子裡裡外外走來走去，雖然光線不佳，但還是看得出來這棟房子蓋得很好，塔琳高興極了，深信「能」哥哥對自己還是相當用心的，要不然就不會把房子蓋得這麼好。

這麼說，「能」哥哥應該是願意跟自己在一起了？

可是，好奇怪啊，為什麼到處都找不到「能」哥哥呢？

塔琳還是摸著黑，來到外頭，小心翼翼的走來走去，呼喚著「能」的名字，可是始終看不到「能」的蹤影，也聽不到「能」的回答。

到是方才黑漆漆的天空一下子又亮了起來，如果說之前是有一塊大黑布罩住了大地，現在那塊不討喜的大黑布就像是被什麼人用力撕開了似的，可愛的藍天白雲又出現了。

塔琳覺得非常驚訝，不明白這到底是怎麼回事，不過，她也無心多去研究，她一心一意就是想趕快找到「能」。

走著走著，塔琳看到一個老先生，正仰望著前方一座高山默默的流淚。

塔琳走上前，好心的問道：「老先生，您怎麼啦？為了什麼事這麼難過？」

老人轉過頭來，緩緩的說：「塔琳，你來了——」

「咦，您怎麼知道我的名字？」塔琳十分驚奇。

「當然知道，我還知道你是來找『能』的。」

「啊，是啊，您知道『能』哥哥在哪裡嗎？」

老人指指前方那座高山，「塔琳，那就是你的『能』哥哥啊——」

「怎麼會！這是怎麼回事？」

原來，老人也住在小漁村，所以他見過塔琳，只是塔琳沒注意到他。

老人告訴塔琳，方才當大地突然陷入一片黑暗的時候，大家都十分恐慌，這時，他告訴鄉親，自己做過一個夢，夢到天帝要換新棉被，一腳把舊舊的黑棉被踢了下來，因此把大地整個兒都罩住了，為了解決這場黑暗危機，他們需要一個特別勇敢的人去龍宮取下龍王繫在脖子上的寶珠，吞下肚子，然後就會變得又高又大，高到一伸手就可以輕易摸到雲端的地步，這麼一來就可以把那床天帝的舊棉被給撕開，讓大家重見天日。

但是，誰能夠擔負起這樣的重任呢？

這時，為塔琳在梯田邊蓋好房子，想回來告訴塔琳的「能」回來了，有人便趕緊把這個事告訴了「能」，並且急切的問道：「你能夠拯救大家嗎？」

「能」一聽，一如既往的大聲回答道：「能！」

說完以後，「能」就頭也不回的往大海的方向狂奔。

他找到了龍王，取了寶珠，並且一口吞下，然後就往回跑。每跑一步，「能」的身體就長高幾丈，等他快要回到小漁村的時候，他已經變成一個幾乎可以頂天立地的巨人！

「能」一伸手就碰觸到那團天帝扔下來的黑棉被，他用雙手用力一撕，就把黑棉被稀里嘩啦的給撕開了。

可是，就在太陽又重新露出臉蛋，大地又一片光明的時候，巨人般的「能」慢慢變成了一座大山——

老人講到這裡停了下來，轉頭又依依不捨的看著前方的那座大山，就像之前塔琳發現他的時候那樣。塔琳順著老人的眼神望過去——啊，大山山頂看起來確實很像「能」哥哥的頭部！

塔琳哭著朝那座大山奔去。就算「能」哥哥現在變成了一座大山，她也還是想要跟「能」哥哥在一起！

塔琳奔到山腳下便開始往上爬。爬呀爬呀爬到半山腰的時候，她力氣耗盡，再也爬不上去了，就抱著一塊岩石傷心的哭泣——

塔琳深情的淚水順著岩石往下流，慢慢化做了一道瀑布，而

塔琳也變成一個石柱，緊緊的貼住了大山。

從此，他們總算可以永遠的在一起了。

當地的百姓就把這座大山稱為「能高山」（能高山屬於中央山脈，是「臺灣百岳之一」，位於臺灣中部，北邊連接南華山和奇萊南峰，南方有能高山南峰。），那個石柱稱為「塔琳石」，石柱下的瀑布則稱為「塔琳瀑布」。

濁水溪

傳說在很久很久以前，「濁水溪」原本是叫做「清水溪」。

當時，清水溪附近有一座大山，名叫能高山，山腳下住著一個老實本分的青年。這個青年經常受到清水溪對岸一個壞蛋的欺凌，日子過得很艱難。

有一天，青年在山腳下耕種，因為天氣很熱，連續工作了好一段時間也累了，就坐在一棵樹下休息。忽然，他看到一隻豹啣著一隻白兔跳到附近。此時豹的注意力大概都放在那隻兔子身上，沒有留意到青年，但青年可是看得一清二楚，眼見豹把兔子放下之後，用強有力的前爪把兔子壓住，顯然是正要準備進食，而兔子雖然已經受了傷，臉上血肉模糊，一隻眼珠都不見了，一條後腿也是血淋淋的，好像已經折斷，看上去相當悲慘，但還是在拚命苦苦的掙扎。青年看了很不忍心，便決定要出手救兔子一命。

他遂鼓起勇氣，掄起鋤頭，瞄準豹的屁股便重重的打下去！

豹大吃一驚，狂吼一聲，就丟下兔子倉皇而逃。

兔子得救了，只是傷得滿嚴重的。青年上前一檢查，發現兔子的後腿果然折斷了，便趕緊先跑到不遠處的山林，找了一把可以療傷的草藥，用嘴嚼得碎碎的，敷在兔子的後腿上，再扯下自己衣服的一角，替兔子包紮好。

過了一會兒，兔子終於可以慢慢的爬起來，看著青年，點點頭，彷彿是在向青年致意，然後就慢慢一拐一拐的走進樹林裡去了。

青年望著兔子，也沒太在意，只當自己是做了一件好事。

幾天以後，又是在一個炎熱的日子，青年照樣在山腳下鋤地，渾身大汗，口乾舌燥。他停下來，看了一眼高高的能高山，想到山上只是一些荒草和杉樹，不由得嘆了一口氣，感慨道：「唉，要是有酸甜酸甜的果子吃就好了……」

說也奇怪，當青年剛剛這麼一想，不知道從哪裡就突然颳來了一陣風，然後他看到一個獨眼的老婦人，穿著一身雪白的衣裙，跛著腳慢慢走到他的面前，朝他丟下一顆滾圓的紫色的珠子，再朝能高山指一指，並且示意要青年把這顆紫色的珠子埋起來。

「好像是叫我埋在能高山？」青年暗忖道。

他剛剛想要向獨眼老婦問個明白，只見老婦一甩衣袖就不見了。

青年怔了一下，感覺這其中一定有不尋常的地方，趕緊撿起那顆紫色的珠子往能高山走去，然後找了一個地方，深深的埋了下去。

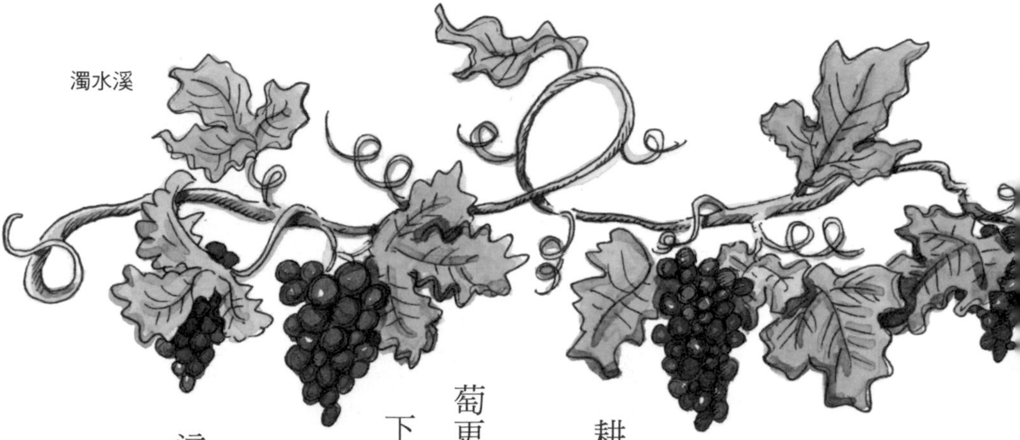

埋下去之後，他等了好一會兒，沒有什麼奇異的事發生。青年朝種下紫色珠子的地方跺了一跺，把周圍的土跺得緊實一些，然後就先走了。

第二天，青年一早起來，像平常一樣，扛著鋤頭打算去耕種，但是，才剛剛走出家門，一看到能高山便不禁呆住了。

僅僅一夜之間，能高山便爬滿了葡萄藤，而一串串成熟的葡萄更是掛在藤上，讓人一看就身心舒暢。青年立即飛奔向前，摘下葡萄就急急忙忙送進嘴裡一嘗，嗯，酸甜可口，味道真好！

想起自己前一天才剛剛有過一個念頭，要是能高山上能夠有一些酸甜解渴的果子，那該有多好，沒想到自己的心願居然就這樣成真了！

青年好興奮，趕緊把葡萄摘個滿懷。在採摘葡萄的時候，他一不小心把衣服劃破了一大塊，這時，青年又想著：「唉，可惜我是一個單身漢，要不然衣服破了就有人幫我縫補了……」

不料，稍後當他一回家又愣住了，明明家裡沒人，怎麼現在竟冒出了炊煙呢？甚至好像還聽到悅耳的歌聲，從他的小屋傳出來。

這是怎麼回事啊？

青年趕緊三步併作兩步的往家裡趕。等到一邁進家門，他簡直不敢相信自己的眼睛！

只見一個穿著白衣白裙的姑娘，正哼著歌兒在忙著煮飯呢！

「你——你是誰？」青年呆呆的問。

姑娘微微一笑，「是媽媽叫我來照顧你的，因為你是她的救命恩人，我們都很感謝你！」

從此，姑娘就和青年住在一起，兩人非常和睦，儼然是一對恩愛的小夫妻。

漸漸的，青年的好運傳了出去，很多人都很羨慕他，但是從前那些總是找他麻煩的惡霸們卻非常妒恨，忿忿不平的想著，憑這麼一個窮小子，怎麼就能交上這樣的好運？真是太讓人不服氣了！

終於，有一天，厄運降臨。當青年下田完畢回到家中，發現家裡被翻攪得亂七八糟，顯然是遭到外人侵入，而姑娘則不見人影。

姑娘到哪裡去了？青年急得不得了，趕緊衝出去，但瞎跑了一陣，什麼線索也沒有。

就在他急得都快哭出來的時候，一陣怪風颳來，令青年一下子睜不開眼睛。等到風一停，他一睜開眼睛，之前曾經見到過的那個獨眼瘸腿的老婦突然又出現在他的面前，但什麼也不說，只是神情凝重默默的遞給他一雙草鞋，再指一指前方的清水溪，衣裙一甩就飄然遠去。

青年望著清水溪，猛然想起那些老喜歡欺負自己的惡霸們不就是住在清水溪的對面嗎？於是急急忙忙套上老婦給自己的草鞋，就朝著清水溪的方向狂奔過去。

來到溪邊一看，青年赫然發現溪水不知道什麼時候居然漲得很高，唯一的一隻小木船又停在對岸。這可怎麼辦？他該怎麼樣才能迅速到達對岸呢？

這時，兩根又粗又大的葡萄藤恰巧從山上落下，而且懸空搭到了對岸，青年一看，靈機一動，這不就像兩條軟索一樣，順著爬不就可以爬到對岸了嗎？

這麼做雖然有一定的危險性，但是對於此時心急如焚、救妻心切的青年來說，早已把自己的安危拋到腦後。因此，他沒有多想，顧不得什麼安全問題，便趕緊爬上半山，抓住粗壯的葡萄藤，然後慢慢一步一步朝著對岸移動。

好不容易到了對岸，青年幾乎已經耗盡了大半的力氣，不得不躺在地上大口大口的喘氣，調整一下呼吸，稍事休息，然後又爬了起來，沿著小路想要去找那些惡霸。

當他跑下一個山坡的時候，看到一個老人跌倒在路邊的一處爛泥塘裡，看起來不僅非常狼狽，而且還非常危險。好心的青年想也沒想，立刻就跳下去把老人給救上來。

老人被救上來以後，指著泥塘著急的說：「我的竹簍和斧頭還在裡面哪！」

青年心想，這兩樣東西顯然對老人很重要，那就好人做到底吧。因此，他沒有二話，剛從泥塘裡爬起來，馬上轉身又跳進泥塘，幫老人把竹簍和斧頭都撈了上來。

這還沒完，老人還沒跟青年道謝，反而就逕自爬進竹簍坐著，然後用命令式的口氣對青年說：「你背我回家吧，我告訴你怎麼走。」

青年見老人完全是一副不容商量的態度，心想老人年紀大了，也別跟他計較了，背就背吧。

青年就這樣背著老人走了一段路，當他們來到一個三叉路口的時候，青年聽到身後的老人說：「孩子啊，你真好心，你的姑娘就在前面小山腳下的石頭屋子裡頭，你快帶著我的竹簍和斧頭去救她吧，你先用斧頭砸開石牆，再把她裝在竹簍裡背著，就像你現在背我一樣。」

青年一聽，很是訝異，正想問問清楚，突然感覺背上輕了很多，幾乎是毫無重量，原來老人已經消失了。

青年這才明白老人就跟那個神祕的老婦一樣，都是來幫自己的，便馬上背著空竹簍拚命的向前跑，跑到快要接近山腳下的時候，果然看到一個石屋，青年馬上跑過去，按照老人的吩咐，舉起斧頭便開始砸堅硬的石牆，三兩下就砸出一個大洞。青年鑽進去一看，看到姑娘倒在地上不省人事，他的心都要碎了，抱著姑娘就流下了動情的淚水。結果，淚珠滴在姑娘的身上，姑娘慢慢睜開了眼睛，甦醒過來。青年高興極了，趕快把姑娘放進竹簍，然後把斧頭也放進去，背起姑娘就跑。

跑了一陣，當青年正想停下來休息一下的時候，突然發現那些惡霸竟然已經隨後追了過來！青年嚇了一跳，他沒想到這麼快就會被發現，這麼一來，當然也就顧不上休息，馬上又鼓起勁兒拚命的向前跑，一直跑到清水溪邊，再循原路爬著葡萄藤想要回到對岸去。

在後頭緊追不捨的壞蛋，看葡萄藤那麼結實，也跟著爬。他們的動作很快，爬呀爬呀沒一會兒眼看就快追上了，幸好這個時候兩個年輕人已經到了對岸，坐在竹簍裡的女孩，當機立斷，立刻拿出斧頭開始砍葡萄藤！

壞蛋們看了都驚慌不已，連連哀求道：「啊，不要砍、不要砍！」

不過，女孩當然不聽他們的，就這樣，葡萄藤被砍斷了，壞蛋們也都紛紛掉落到溪水之中，很快便都沉了下去。

從此，兩個年輕人終於可以安安心心、快快樂樂的在一起，而這條溪水便被改名為「濁水溪」，能高山這一段溪灣則就叫做「斷藤灣」。

二八水

濁水溪北岸有一個地方，地名很有趣，叫做「二八水」，又名「二水」，是縱貫鐵路和集集鐵路的交會點，凡是要遊覽日月潭的人，如果不是從臺中去，就是從這裡去。

關於這個地名，有一個民間傳說。

在很久以前，濁水溪每到夏天因為雷雨一多就很容易暴漲，使得整個濁水溪流域都受到洪水的危害，不僅農田被毀，農作物損失慘重，就連老百姓和所飼養的家禽家畜也經常失足掉進溪裡而被沖走。

為了改善這個狀況，大家商議很久，決定要挖幾條小河，這樣當濁水溪暴漲的時候就能適時的加以疏導，減少人員和家禽家畜的傷亡以及農作物的損失。

大家都信心滿滿，認為等這個計畫完成之後將造福廣大的百姓，然而，一旦正式施工，大家很快就發現這個計畫要實施起來比預想中要困難很多。因為在開挖的時候，不是這裡挖到了厚石礫，就是那裡挖到了石頭，想要推進那麼一點點都得耗費很大的力氣，這可怎麼辦呢？

有一天，當大家又聚在一起，愁眉苦臉的說起進度緩慢，討論著有沒有什麼辦法可以解決開挖的困難時，忽然來了一個手持枴杖、腳登一雙布靴的白髮老人，笑咪咪的問道：「你們在說些什麼啊？」

有人就把他們所面對的難題簡單的說了一下。大家原本以為老人也就只是關心的問問，沒想到老人在聽完之後居然說：「別擔心，也別煩惱了，你們不要死腦筋，既然下面有堅硬的石塊擋住去路，就不能挖直線啊。」

有人說：「這個我們知道，我們已經沒打算要挖直線了，我們也想要避

開地下那些石塊之類，問題是我們又不清楚地下的情況，也不可能把地下整個都挖開來看看再決定開挖的路線，到底有什麼辦法可以讓我們在比較短的時間完成任務呢？否則，如果工期拖得太久，夏天馬上就要來了，我們又要損失慘重了。」

老人說：「放心吧，我剛才已經用我的手杖替你們在地上畫了兩條八字形的線，只要你們按照我畫的這兩條線去挖就會很順利，不會再碰到什麼硬石的阻擋了。」

「真的嗎？」大家半信半疑，紛紛跑去看老人所說的那兩條八字線。看了一會兒，大家都看不出什麼名堂，便想回頭再找老人問問清楚，這才發現老人不知道什麼時候已經不見了，只留下了手杖和布靴。

老人走得那麼蹊蹺，就像他方才突然出現一樣的神祕。大家愣了半晌，不禁紛紛說：「這一定是神仙啊，一定是神仙來幫我們的！」

這麼一來，大家對老人在地上所畫的那兩條八字線再也沒有任何懷疑，一致決議就按照這兩條八字線來開挖吧！

結果，在開挖的過程中，他們的工具在地下果然再也沒有受到任何阻擋，因此在很短的時間之內，他們就完成了預訂的工程。

由於多了兩條八字形的小河，從此這裡就被叫做「二八水」。而有了這兩條小河之後，果真解除了濁水溪在夏天容易暴漲的問題，同時老百姓還可以運用小河來灌溉農田。

大家有感於那位好心的神仙，便在路旁蓋了一座小廟，把老人留下的枴杖和布靴供奉在裡頭，經常祭拜，尤其是每年秋收之後，更是有很多百姓都會自動自發的來到這裡，真心的感念一番。

卑南溪

相傳在很久很久以前，卑南一帶還是一片一望無際的平原，春天的時候，雨水充足，是一個非常好的地方，不僅百花齊放，並且萬物自然生長，充滿了喜人的生機，可是一到夏秋時節，這裡就完全不同了，主要是缺水的問題非常嚴重，為了想要把損失降到最低，大家只得千辛萬苦的到深山去取水，可是，不難想像在山高路遠的情況之下，每一趟所能夠帶回來的山泉水當然是有限的，解決了人畜的飲水問題之後，又哪裡還可能有多餘的水分來灌溉？這麼一來，一切就都不可避免的荒蕪了。

如何才能解決夏秋時節的缺水問題？這成了所有卑南老百姓共同的願

望。

有一個熱血青年，名叫哈西，在多次飽嚐缺水之苦之後，有一天，當他無意中一聽說在遙遠的地方有一個好心的仙人，能夠幫他們解決難題，立刻發下宏願，一定要找到這個好心的仙人，澈底解決缺水的問題。

沒人知道這個仙人確切的位置，只聽說要一直向北走，而且唯有心意至誠的人方能找到。

哈西毫不猶豫，第二天一早，帶著一把砍刀以及一些糍粑就上路了。（糍粑，一種相當方便的食物，做法是先把糯米煮熟，攪和打成泥團，再揉成餅的樣子，陰乾以後可以久藏，蒸、煮、油炸，怎麼吃都行。）

就這樣，哈西一路向北前進，翻過許多高山，不知道走了幾百里路，為了找到水源，他不叫苦、不叫累，一心一意想要找到傳說中那位好心的神仙。

終於，有一天，哈西在一座高山下的竹林裡，見到一位仙風道骨、在腰間繫著一個葫蘆的白髮老人。

老人一看到哈西，便露出慈祥的笑容，說了一聲：「你來了。」

哈西立刻大著膽子走上前，恭恭敬敬的問道：「您一定就是那個好心的神仙

吧？」

「我就是，」老人說：「我知道你要來找我，我已經等了你很久啦。」

「我已經盡快趕來了，」哈西急急的說：「我們那裡正在缺水，有人說您能夠告訴我們該到哪裡去找水源，請您趕快告訴我吧！」

「別急啊，孩子，」老人微笑道：「我得先問你，你是不是一個最勇敢的少年？」

哈西毫不遲疑便回答道：「我是的！」

「那好，那你先去幫忙完成一個任務，然後我就告訴你該怎麼樣找到水源。」

「好的，是什麼任務？請您吩咐吧！」

「你聽好——」老人說：「距離這裡很遠很遠的地方，有一個老太婆，養了一隻惡犬，傷人無數，如果你能夠把那隻惡犬給我帶來，我就指點你該怎麼去找水源。」

「好的，沒問題，我一定把那隻惡犬帶來！」

說完，哈西就按照老人所指的方向繼續前進。

哈西就這麼不辭艱辛的又走了好多的路，再加上又翻過好幾座山頭，終於在一天下午，在一座荒山下聽到了惡狠狠的狗叫聲。循著叫聲往前走，不多久就找到一棟小屋，可怕的狗叫聲就是從屋後傳出來的。

哈西大著膽子上前去敲門。不一會兒，果然是一個老婆婆出來開門。老婆婆看到哈西，很是驚訝，「孩子，你怎麼會找到這裡來？你最好快點走吧，難道你不知道我這裡是很危險的啊！」

哈西說：「我知道，你養了一隻會傷人的惡犬，對不對？」

老婆婆一聽，更驚訝了，「知道你還敢來？」

「我想把您的狗帶走，這樣我就能找到水源去灌溉我的家鄉。」

老婆婆搖搖頭，「我聽不懂你在說些什麼，你快走吧！」

「那——可不可以讓我看一眼？看一眼就好！」

「你是說想看看我的狗？」

「是的。」

「看看是可以，不過，你可別嚇哭啊。」

說著，老婆婆就領著哈西來到屋後，指著另外一間屋子告訴哈西，那隻惡犬就在裡頭。

此時，屋內的惡犬不斷發出駭人的咆哮聲。但是，這並沒有嚇到哈西，他慢慢向前，然後從窗外往裡頭張望，果然看到一隻像小牛那麼大的大狗。

「哇，牠的嘴巴好大啊！」哈西說。

「是啊，只有我的頭髮可以把牠的大嘴給闔上，不過，你當然想像得出來，沒有一隻狗會喜歡吃頭髮的。好了，現在狗也看過了，你可以走了吧。」

就在這個時候，哈西腦筋一轉，想到了一個主意。

哈西立刻向老婆婆央求道：「不瞞您說，我走了很遠很遠的路才到您這裡，實在很累了，而且馬上就快黃昏，入夜以後深山裡也沒什麼地方可以休息，能不能請您大發善心，讓我在這裡借住一個晚上吧。」

說到這裡，哈西馬上從布兜裡拿出一些糍粑遞給老婆婆，「這些東西送給您，算是我的一點心意，請您收下。」

老婆婆看這些糍粑好像很好吃的樣子，就同意了，隨即就帶著哈西進屋。

進屋之後，哈西十分勤快，一直主動搶著幫老婆婆做事，東忙西忙，說是要感謝老婆婆。過了一會兒，哈西說要幫老婆婆梳頭，然後趁老婆婆不注意的時候，把梳子上的幾根頭髮偷偷的藏了起來。

接下來，哈西又把布兜裡的幾個糍粑拿出來，重新揉成一團，並且在揉的過程中把老婆婆的幾根頭髮也巧妙的揉了進去。

這個糍粑是哈西為那隻惡犬所特製的。做好以後，他又悄悄來到那個關著惡犬的房間，做了一個深呼吸，勇敢的打開了門——

門一開，那隻惡犬立刻就朝著哈西衝了過來。哈西非常鎮定，馬上把那個糍粑丟給惡犬，惡犬接住了，一接住就大口大口的嚼了起來，結果，還沒等惡犬把整個糍粑吃完，牠的嘴巴果真就已經被牢牢的黏住了！

見惡犬的嘴巴被黏住，老婆婆嘆了一口氣，「哎，以後牠再也不能傷人了，你帶牠走吧。」

哈西簡直樂壞了，謝過老婆婆以後，也顧不上休息，立刻帶上已經不能張嘴的大狗，循著原路拚命的往回趕，一連趕了好幾天，終於回到白髮老人那裡，把惡犬交給了老人。

老人似乎滿驚訝的，「孩子啊，很多人想要去制服這隻惡犬，但是都失敗了，你是怎麼做到的？」

哈西便把經過大致說了一下，然後懇求道：「現在我把惡犬給您帶來了，請您趕快教教我該怎麼為我們家鄉引來水源吧！眼看乾旱的夏天就快來了呀！」

老人說：「放心，我一定告訴你，你果然是一個最勇敢的少年！」

說完，老人便解下繫在腰間的那個葫蘆交給哈西，對哈西說：「來，把這個葫蘆摔破在地上吧！」

哈西接過葫蘆，立刻照辦。葫蘆摔破在地上之後，從裡頭不斷流出清澈的水，流呀流呀好像怎麼也流不完，一轉眼就匯聚成一個小湖。

哈西看得都驚呆了。

這時，老人拍拍哈西的肩頭，對他說：「孩子，回去吧，現在就回去！」

哈西再三感謝老人之後，馬上往回跑。跑了幾步，回頭一看——他簡直不敢相信自己的眼睛，原來，小湖的水竟然跟著自己來啦，瞧，現在在自己身後不是形成了一條神奇的小溪嗎？

這條小溪就像是有生命似的，一路隨著哈西的步伐、跟著哈西所展開的路程，就這麼一路蜿蜿蜒蜒的穿過高山，流回了卑南平原。

據說，這就是卑南溪之所以彎彎曲曲的原因。

有了卑南溪，從此每到夏天，大家就再也不會為了缺水而苦惱了。

也因為找到水源這個巨大的貢獻，哈西被大家推舉為部落的首領，受到大家的愛戴。

卑南高山的農夫

臺灣東部有一座山，叫做卑南高山。有這麼一個故事，跟卑南高山本身沒什麼關係，但是因為主人翁是住在卑南高山，因此這個民間傳說也就一直被視為是屬於卑南高山的故事。

這個故事的主人翁是一個農夫，膝下有一個寶貝女兒，一家三口住在卑南高山上的一棟小茅屋裡，日子雖然過得很清貧，倒也還算和樂。

農夫是一個心地非常柔軟的人，見不得殺生，每逢看到別人要殺生，他總是想方設法的搶救。這個故事，就是源自他的兩次搶救生靈的行動。

有一天，農夫看到幾個小孩子圍在一起，嘻嘻哈哈、熱鬧非凡，他出於好奇湊過去一看，發現這些孩子是抓住了好幾隻溪裡的小蟹，正在嘰嘰喳喳的商量要怎麼把這些小蟹的腳一一扭斷，再怎麼把牠們殺了大吃一頓。農夫一聽，急忙阻止，要求這些孩子趕快把小蟹給放了。

「放了？這怎麼可以，我們抓了很久呢！」孩子們都不肯。

農夫好說歹說，孩子們就是不願意，最後，農夫沒辦法，只得表示願意出錢買下這些小蟹。這麼一來，孩子們總算是同意了，拿到錢以後立刻一哄而散。農夫則把這些小蟹放回到溪裡，還對著小蟹們殷殷叮嚀道：「回去吧，以後可要小心一點喔！」

幾天以後，農夫一早在準備去田裡幹活的時候，途經一條河邊，看到有一條大蛇咬住了一隻小青蛙。那隻小青蛙拚命的掙扎，但是大蛇太厲害了，小青蛙怎麼也掙脫不開。

農夫一看，立刻又動了惻隱之心，可是，他不敢上前去對付那條大蛇，情急之下就跟大蛇喊話：「請你放了這隻小青蛙吧！」

農夫感覺那條大蛇好像看了自己一眼，或是瞪了自己一眼，總之，農夫感覺大蛇似乎聽得懂自己在說些什麼，只是毫不理會，還是緊緊的咬住小青蛙，而且顯然還試圖要慢慢的吞掉小青蛙。

農夫實在是看不過去，就脫口而出道：「只要你願意放過這隻小青蛙，我就把女兒嫁給你！」（真不知道這個爸爸究竟是怎麼想的呀，女兒的終身大事竟然比不上一隻小青蛙的命重要，或許這也是顯示古人把萬物的生命都視為平等的緣故吧。）

這一次，大蛇明顯的是聽明白了，同時也接受了這個提議，馬上鬆嘴。小青蛙得救之後，對農夫看了一看，就急急忙忙的跳走了。

第二天，農夫下田回來，才剛剛進門，就有一個年輕人拿著一束花前來敲門。門一開，年輕人馬上就走了進來，彷彿是回自己家一樣的自然。

農夫問年輕人找誰，萬萬想不到，年輕人居然反問道：「岳父，您還喜歡我這個樣子嗎？」

「岳父？誰是你岳父？」農夫感到莫名其妙。

年輕人接下來的回答真是讓農夫大感震驚。

他竟然說：「昨天您不是說，只要我放過那隻小青蛙，您就會把女兒嫁給我，所以，今天我是專程來做您的女婿啦！」

「什麼？你是——」

「沒錯，就是我。」年輕人說著，還到處張望道：「我的新娘子呢？在哪裡？」

「這這這——」農夫急得要命，可憐巴巴的拚命哀求：「我還沒有把這個事告訴我的老婆和女兒，請你過兩天再來好不好？」

年輕人一副很不高興的模樣，勉強同意三天後再來。臨走前，年輕人露出凶惡的表情對農夫說：「三天後我也不打扮了，就以本尊來接我的新娘，你們要先做好準備！」

從這個時候開始，農夫真是惶惶不安，度日如年。在期限就快要到的時候，他硬著頭皮把這個事跟老婆和女兒說了。可想而知，老婆和女兒都大驚失色，接下來，罵的罵、哭的哭，簡直就是一團亂，就連農夫對於自己的魯莽也懊悔不已。可惜，世間沒有後悔藥，誰教他確實是這麼說了，而且那條大蛇明天就要再度上門了！

一家三口一整夜都睡不著覺。翌日清晨，天剛矇矇亮，一條大蛇就爬進了他們家，他們一看，嚇得魂飛魄散，趕緊躲進了壁櫥，然後把壁櫥的門關得緊緊的。過了一會兒，他們聽到大蛇過來了，還舉起強壯的尾巴開始用力拍打壁櫥的門。

「怎麼辦？怎麼辦！」母女倆都嚇得哭了出來，農夫也是面色如土。就在危急時刻，從外頭突然跳進來一隻小青蛙，和一大堆來自溪裡的小蟹。小蟹們在小青蛙的指揮下，合力同時咬住了蛇頭、蛇身和蛇尾巴，沒過多久，那條大蛇就這樣被活活的夾死了。

當農夫和妻兒聽到騷動停止，偷偷打開一點點壁櫥的門往外偷看的時候，剛巧看到小青蛙和小蟹們跳出去，離開他們的家，而地上那條大蛇則一動也不動。

後來，大家都說，一定是農夫救過的小青蛙和小蟹們來報恩了。

龜山島之一

在「蘭陽八景」之中，「龜山朝日」是其中之一。「龜山島」的外型，遠遠看去就像是一隻大烏龜，這個小島也就因此得名。

龜山島對於宜蘭人來說，有著特別的意義。漁民以龜山島作為航行的方向，龜山島就像是宜蘭人的守護神。在宜蘭各地不同的地方看龜山島，都會看到不一樣的景象，所以宜蘭有句諺語——龜山轉頭，就是形容龜山島多變的模樣。龜山島其實是個火山島，天氣晴朗時，我們可以看到在島上，有些地方光禿禿的露出土黃色的部分，那是因為龜山島經常吹著強風，所以迎著風的那一面草或樹就難以生長了。

在宜蘭的民間傳說中，對於龜山島流傳著許多的故事，其中最有名的一個民間傳說，是跟國姓爺鄭成功有關，同時也是與「妖霧」有關。傳說，當年鄭成功領軍至葛瑪蘭（也就是今天的宜蘭）頭城的海邊時，遠遠望去，看到有一隻大烏龜，正昂著頭，不斷的吐出黑霧，而且漸漸的逼近頭城岩，一副來者不善的架勢。眾人都深信那詭異的黑霧是一種妖霧，一定不會放過他們，因此都紛紛害怕的大喊：「烏龜精！烏龜精要吃人了！」而面對這種危急的情況，鄭成功的表現還是絕不向黑暗力量低頭，因此，儘管「霧」是抽象的，他還是毅然下令，要士兵立刻對準那烏龜精發射大炮！據說，僅僅只發射了一炮，便命中了烏龜精的脖子，烏龜精慘叫一聲之後就漸漸沉入了海底，化做了一座小島，這就是今天我們所看到的「龜山島」。

龜山島之二

前面一個跟「龜山島」相關的民間傳說可以說充滿了火藥味，但是在另外一個版本的故事裡，則是洋溢著羅曼蒂克的氣息。這個版本多少也可說明為什麼龜山島會被視為蘭陽平原的「守護神」。

傳說當年龍宮公主與龍宮的龜將軍相戀。後來，龍王知道了他們的戀情，非常生氣，堅決不同意，但是龍宮公主和龜將軍兩人卻堅決要在一起，於是就相約私奔。然而，他們的計畫因為被龍王提前一步掌握而告失敗。龍王在盛怒之下，便將龍宮公主變成蘭陽平原，而將龜將軍變成了一座小島，就是現在的龜山島，好讓他們永遠相望卻不能相守。

劍潭

在臺北基隆河邊有一個深潭，叫做劍潭。這個充滿英氣的地名有一個民間傳說，是與民族英雄鄭成功有關。

三百多年以前，國姓爺鄭成功率軍從臺南安平登陸臺灣，打敗了占據臺灣的荷蘭人，收復了臺灣。接下來，鄭成功一方面建設臺灣南部，一方面也揮軍北上，繼續向臺灣北部推進。到了大浪沙河附近（就是今天臺北圓山一帶），發生了一件怪事。

當時，士兵們走著走著，忽然不知道從哪兒颳來一陣大風，頓時飛沙走石，明明是大白天，天色卻突然迅速暗了下來，有如黑夜。大家都睜不開眼睛，心裡都很恐懼。

緊接著，一個面色如土的士兵，倉皇衝到鄭成功的面前報告，說前面河水氾濫，好像馬上就要沖到這裡來了！

鄭成功一聽，聯想到莫名颳起怪風這些異象，心想，莫非是有妖怪在作怪？

於是，他立刻快馬加鞭趕往河邊，然後跳下馬來仔細一看——

果然不錯，一隻魚精正在河水裡搗亂哪！瞧牠那大肆翻攪的勁兒，確實有那種想要用河水把士兵們統統都捲到水裡去的架勢。

鄭成功大怒，火速拔出繫在腰間的寶

劍，大喝一聲：「大膽妖孽！敢在這裡撒野！」

說著，就用力把寶劍朝著魚精擲了過去，非常精準的正中了魚精的腦袋！

魚精哀嚎著，痛苦萬狀的翻滾一番之後，就慢慢沉入了水裡。而隨著魚精消失，天色也就漸漸亮了起來，又恢復青天白日的樣子，河裡的波浪也平息了下來。

這麼一來，士兵們就安全了。

據說以後每月一到農曆十五的晚上，國姓爺的寶劍就會浮出水面，發出耀眼的光芒，很多人甚至說可以在水面上隱隱約約看出寶劍的形狀，但是如果伸手去撈卻怎麼也撈不到。從此，「劍潭」之名也就不逕而走了。

劍井

「鐵砧晚霞」——被譽為「全臺十二勝景」之一，這是用來形容劍井的夜景。劍井又是什麼？這是位於臺中市大甲區鐵砧山上的一口古井，直徑一尺多，深數尺，外表刻有「劍井」兩個字。

劍井又稱「國姓井」，因為這裡也有一個民間傳說是與鄭成功有關，而且也是發生在鄭成功趕走荷蘭人以後，率軍向北推進的途中。

據說，當時很多高山族同胞聽信了謠言，以為鄭成功是要對大家不利，便集合起來把鄭成功的兵馬圍進了鐵砧山。當時正是農曆五月初，天氣特燥熱，鄭成功的軍隊在鐵砧山中迷了路，苦不堪言，大夥們的心裡都很著急。

就在農曆五月初五、也就是端午節當天，發生了一件奇事，終於改變了困局。

那天，大家都口渴得要命，但又找不到水源，情況十分惡劣。忽然，幾個士兵從溝底爛泥裡頭摸出幾個田螺，便趕緊把這幾個田螺擦得乾乾淨淨，然後就送去給鄭成功吃。鄭成功一吸，不僅吃到了螺肉，還吸到了甘甜的汁液，非常高興。

鄭成功在把剩下的田螺都分給將士們吃以後，還吩咐大家都趕緊去田裡摸田螺吃吧，好歹可以解決口渴的問題。然而，最初找到田螺的那幾個士兵為難的向鄭成功報告，說他們剛才是在山谷溝底一小處爛泥裡摸了半天好不容易才找到這麼幾個田螺，其他地方都是沙石，是找不到田螺的啊。

鄭成功一聽，情急之下拔出寶劍就地一戳，放聲大喊道：「請上天賜我將士甘泉，助我們脫困吧！」

說也奇怪，鄭成功話音剛落，不一會兒，在寶劍插入的地方突然就湧出了水泉！不僅如此，方才食用過的田螺殼被泉水濺到之後，竟也神奇的都重新又長出了螺肉。大家都感到驚異不已。鄭成功馬上下令在這裡挖成一口井，讓將士們取水飲用，並且食用螺肉。稍後，在這口井挖好了以後，鄭成功便將自己的寶劍永遠的沉入井底。

不久，一些高山族同胞聽到了這件奇事，也都覺得十分驚奇。他們一傳十、十傳百，很快的，很多高山族同胞都知道了這件不可思議的事，而且都覺得鄭成功所率領的軍隊一定是正義之師，才會在困難的時候得到上天的幫助，而對於這樣的軍隊，又怎麼能夠與他們為敵呢？

於是，在高山族同胞的引路之下，鄭成功的軍隊終於順利的走出了鐵砧山，繼續向北推進。

在鄭成功離開以後，當地百姓就把他用寶劍戳出的泉眼四周砌上石磚圍了起來，加以保護。大家都把這裡稱之為「劍井」。

往後每年一到端午節，都會有很多人來到這裡俯視井底，希望能夠看到國姓爺寶劍的蹤影。

鶯歌

繼續說一個與國姓爺鄭成功有關的故事。

傳說當鄭成功率軍向北推進的時候，曾經在鶯歌鎮附近收拾過兩塊「妖石」。

當時，軍隊來到現在鶯歌鎮的同慶里、尖山里一帶，鄭成功下令就地休息。因為連日天雨，山路泥濘，士兵們所穿的草鞋鞋底都是厚厚的泥土，一聽到休息，大家馬上坐在路邊紛紛忙著把草鞋鞋底的泥土給刮掉。大量被士兵們刮下來的泥土就這樣被棄置在路邊，不知不覺竟然被堆成了一座小山，後來大家就把這座小山叫做「尖山」。

休息過後，大軍繼續向前行走，來到現在的鶯歌石山下。這時，恐怖的事情發生了，很多人都看到從山腹那兒竟然冒出一團團黑霧，而且很快就把全軍整個的都籠罩住了。

大家艱難的調整行軍路線，改往東直走，誰知道走了沒多久又被一團濃霧包圍，沒辦法，只得再度改變方向，向北邊而去。這個時候，士兵們都已經人心惶惶，一個個都恨不得能夠拔足前奔，盡快從這詭異的濃霧之中脫身。

可是，那一團團濃霧就像是有知覺似的，始終緊緊跟著他們，無論他們的腳程有多快，好像就是沒有辦法甩開那團黑霧。一直到大軍來到樹林鎮附近的太平橋時，詭異的黑霧這才慢慢消散，士兵們總算可以看清四周的事物了。很快的，大家清點人數以後發現不少士兵都莫名其妙的失蹤了，而且從這天以後，只要一起霧，大家就會很害怕，因為等到濃霧散去，就一定會發現有士兵失蹤。

這麼一來，每個人的心裡都很恐慌，尤其是每逢起霧，哪怕有時只是小霧，不是那麼充滿壓迫感的大霧，士兵們也總是膽戰心驚，生怕會從霧裡冒出什麼妖魔鬼怪。

眼看這些不時就出現的黑霧已經嚴重影響到士氣，鄭成功決定一定要把黑霧事件調查清楚。

首先，鄭成功派出幾個部下去向附近的居民打聽，以前有沒有見過像這樣不尋常的黑霧？

不久，他們果然收集到了關於詭異黑霧的情報，只是這些消息很是讓人吃驚。原來，附近的居民對這些黑霧都並不陌生，很多人甚至還說，就是因為這些黑霧會殺人，所以已經很少有人敢從這一帶經過了。

綜合幾個部下所打聽到的消息，大家漸漸得出一個大概的輪廓，驚訝的發現原來居民們都很相信這一切都是源自兩塊妖石在作怪。

那麼，這兩塊妖石又是怎麼來的呢？

居民們說，以前他們這裡很安寧的，由於地點適中，自然而然的成為南北交通的樞紐，每天來來往往從這裡經過的人很多，小鎮上也有茶館、商鋪和客棧，相當熱鬧。可是，有一天，在一場突如其來的風暴之後，居民們赫然發現在小鎮入口處憑空多出了兩塊大石頭，而這兩塊大石頭的形狀都挺特別，一塊看起來像鸚鵡，另一塊看起來則很像鳶鳥，而且還是一副正要振翅起飛的模樣。

一開始，居民們也還沒感覺到有什麼害怕，畢竟只是兩塊大石頭而已。

但也就是從這兩塊大石頭出現以後，很多居民都在夜裡聽到了奇怪的聲響，仔細一聽，彷彿是鳥類的哀鳴，聽起來既哀傷又淒厲，讓人聽得心裡發毛。漸漸的，很多居民都有一種很深的不祥的感覺，儘管也說不清這種感覺究竟是怎麼來的，但就是有一種即將大禍臨頭的不安。

終於，在一天夜晚，悲劇終於發生了。從那兩個形似鳥類的大石頭嘴部，竟然噴出了黑色的煙霧，很快的，整個小鎮都被濃霧所籠罩。部分居民出於強烈的恐慌，不願意待在這團黑霧之中，就競相往小鎮外面跑。翌日，當他們再回到小鎮的時候，這才驚愕萬分的發現小鎮已經完全變了個樣，所有物品都雜亂不堪，而在前一夜所有留下來的居民也都消失得無影無蹤。

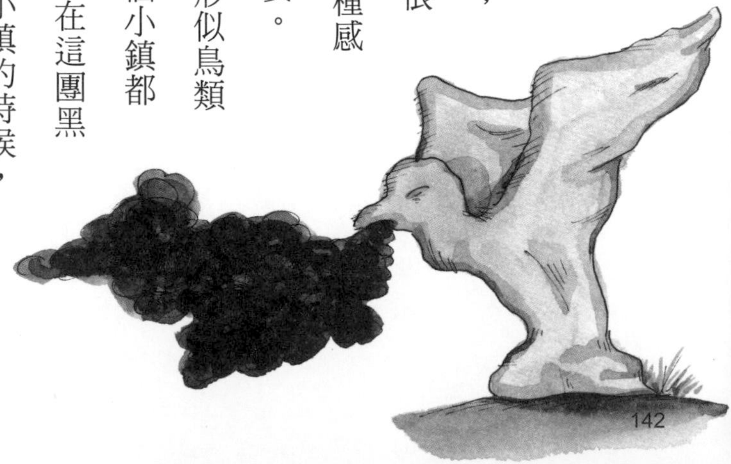

居民們都相信是那團恐怖的黑霧帶走了他們的鄉親父老，毀了他們的小鎮。而這樁毒霧殺人事件也很快就轟動了整個北臺灣，從此就很少有人敢再從這裡經過。

當士兵們把這個調查結果向國姓爺報告時，鄭成功的反應是怎麼樣的呢？

相傳他立刻下令，教人抬出大炮，架在樹林鎮的一座橋上，然後對準那兩塊妖石就轟，直接了當的轟掉了這兩塊大石頭！

從此以後，黑霧事件真的就此平息。過了一段時間，這裡又慢慢恢復了以往的熱鬧。而當地居民為了記住這個故事，還把附近兩座相對的山稱作鶯歌山和鳶山，據說鶯歌山上有一座酷似鸚鵡的大石頭，中間有一個大大的洞穴，大家都說這就是中了國姓爺炮彈所留下來的傷痕。

澎湖列島

在臺灣海峽的澎湖列島，大大小小共有六十四個，但是傳說在很久很久以前，這裡原本並沒有這麼多的小島，而是一個比較大的海島。這個海島是一個浮動的島，雖然風景很美，可是因為不大穩固，總讓人不免會覺得有些不安。

島上的居民幾乎都是打魚人家，而且都是世世代代就住在這裡，儘管知道海島的根基不穩，就長期來看似乎不大安全，卻都還是深愛著這座海島。

有一天，這座海島增加了一戶人家，這一家「四口」，是一對老漁翁夫婦帶著一隻小黃貓和一隻小白鵝。老夫婦告訴大家，他們的家在很遠的地方，而且他們原本有一雙兒女，只是在一次出海的時候遭到了可怕的暴風雨，發生了海難，兩個孩子都不幸淹死了，夫婦倆也意外漂流到這座海島。得知老夫婦悲慘的遭遇，村民們都很同情，對他們非常照顧，於是，這對老夫婦就在這裡住了下來。

其實，那隻小黃貓和小白鵝不是普通的小動物，而是兩個精怪——貓精和白鵝精。他們分別藏身在很大的海蚌和鳳梨中，都是老漁翁夫婦倆不久前在打魚的時候偶然間從海上尋獲的。老夫婦把小黃貓叫做「貓鼻」，把小白鵝叫做「鵝鑾」，有了貓鼻與鵝鑾作伴，夫婦倆的感情又有了投入的對象，對他們是很大的安慰，多少撫慰了他們的喪子之痛。

不久，海上出現了一隻身軀龐大的怪物，外表看起來很凶惡，乍看之下很像鱷魚，這個怪物神出鬼沒，到處闖禍。海島上的居民們都很害怕，不得不考慮是不是應該盡快搬離這座海島，可是，如果離開這裡，又該往哪裡去呢？

貓鼻和鵝鑾知道，其實大家都捨不得離開，何況，待他們像親生子女的老漁翁夫婦，年紀那麼大，哪能禁得起這樣的反覆折騰？

貓鼻和鵝鑾遂在一起商討，決定要想辦法把那個可惡的怪物殺掉，替大家除害。當天夜裡，他們擬定了一個計畫，就偷偷划著小船出海。

沒過多久，他們順利找到了海怪，然後就一頭衝了過去。海怪根本不把這兩個小東西放在眼裡，看到貓鼻和鵝鑾朝著自己逕自衝過來，想都沒想就張開大口，把他們兩個和小船一起給吞下了肚子。

不過，海怪很快就發現自己上了大當。

原來，小貓鼻和小鵝鑾是故意引海怪把他們給吞下去的，進了海怪的肚子以後，他們就用力撕扯海怪的五臟六腑！

「哇！好痛啊！住手，快住手啊！」海怪痛苦得拚命掙扎。

這天晚上，村民們都聽到海怪悲慘的哀嚎，但誰也不敢出去看看到底是怎麼回事。老夫婦倆發現貓鼻、鵝鑾不在，怎麼找也找不到，都著急萬分，想要馬上出去尋找，但是被大家死死的攔了下來。

第二天清晨，大家發現海怪死了，高興得不得了。與此同時，大家也發現海邊憑空多出兩尊岩石，一個岩石的模樣很像貓鼻，另一個則很像鵝鑾。

老漁翁夫婦上前抱著兩尊岩石，傷心的大哭道：「這一定是我們的寶貝啊！」

他們的眼淚慢慢融化了岩石，過了一會兒，只聽見「轟隆！」一聲，從石頭裡突然迸出一個男孩和一個女孩。兩個孩子的長相都很特別，男孩的下巴上長了一撮蓬松的鬍子，女孩的眉梢有一顆白色的痣。

「爹，娘！」男孩和女孩都哭著說：「是你們的愛心，把我們都變成了人！」

老夫婦抱著兩個活生生的孩子，自然也是激動萬分。稍後，他們便把男孩取名為「彭胡」，女孩則叫做「白沙」。

過了幾天，就在大家都以為危機解除的時候，沒想到更大的危機出現了，那就是居然有更多的海怪一起朝著海島迎面而來！

大家都非常驚慌，心想一定是海怪家族前來尋仇了！他們的海島本來就根基不穩，現在又有這麼多的海怪，只要這些海怪朝海島用力一撞，他們的海島一定馬上就碎了！

面對這樣意想不到的局面，彭胡和白沙也很著急，正想再立刻出海去和

海怪拚命，天空忽然出現一道奇異的光芒，不久，媽祖竟然出現在一朵彩雲之上！

大家見到媽祖，都紛紛跪了下來，拚命懇求道：「媽祖啊！求您救救我們吧！」

媽祖慢慢降下來，大家注意到媽祖的手上提著一大籃楊梅。只見媽祖把那一籃楊梅放在沙灘上，對大家說：「我很願意，可是光是我願意幫忙還不夠，還得靠你們部分人的犧牲。我帶來的這籃楊梅是產自天庭，吃下去之後就會變成一根很大的石柱，只要石柱夠多，就可以把這座漂浮的海島給釘住，就不怕那些海怪來撞擊和破壞了。只是，吃了楊梅以後，就不能再變回人，所以，必須是深愛這座海島的人才願意這麼做。現在時間緊迫，在你們之中有誰願意呢？」

在一陣短暫的沉默之後，彭胡搶先上前拿了一顆楊梅，大聲說了一句「我願意！」之後，一口就吞了。

「我也願意！」白沙也跟著吞了一顆。

這麼一來，受到這兩個孩子的鼓舞，更多的村民都義無反顧的站了出來，紛紛說「我也願意！」，然後都紛紛吞下了楊梅。不一會兒，果然有一大堆的石柱直衝雲霄，再直直的落下來。

然而，可惜他們還是晚了一步，就在他們想要固定住海島的時候，說時遲、那時快，原來的海島已經被海怪給集體撞碎，村莊也消失了。

而這些落下來的石柱，插入了海底，就變成一個個的小島。其中，最大的一個被後人稱為「澎湖島」，緊挨著澎湖島的是「白沙島」，不遠的地方則是「漁翁島」……統稱為「澎湖列島」。

澎湖的玄武岩

澎湖的開發早於臺灣，根據史料記載，南宋時期就已經有漢人居住，而納入中國版圖則早於臺灣四百年。

在一千七百多萬年前，由於中國南海的地殼所受到的張裂作用，導致臺灣海峽產生了縫隙，炙熱的岩漿便從地表下噴出或從地表縫隙中不斷湧了出來，造就了壯麗的澎湖群島。這樣的地殼變動持續了幾百萬年，一直到八百多萬年前才終於停止，接下來澎湖群島又經歷了千百萬年的海蝕與風化作用，呈現出目前多樣的玄武岩島嶼景觀。

同時，由於澎湖的火山屬於裂隙式噴發，這些原本來自地底非常炙熱的熔岩，經過地表裂縫流出來逐漸冷卻時，便會形成一些五角和六角形的玄武岩柱狀節理。

在了解了這些背景之後，也許你會驚訝的發現，原來關於澎湖列島的民間傳說還可以在真實的基礎之上找到一些根據。這也再次印證了所有的想像其實都是植根於現實基礎之上的想像。

金瓜石

金瓜石曾經盛產金礦，最初是在清末甲午戰爭結束，臺灣被清朝割讓給日本以後不久發現的。

相傳所謂的「金瓜石」本來只是一個看似很普通的山洞，因為之前從來沒有人下去探過底，沒人知道這個洞到底有多深，只感覺這個洞一定相當大，洞口四周長滿雜草，不遠處還有一個池塘。由於池塘裡的水相當清澈，每天都會有一個住在附近的婦人來這裡洗衣服。

婦人的娘家在基隆六堵，她的丈夫則原本是八堵人，在日軍登陸基隆澳底之前，小倆口和公公婆婆都一起住在八堵，雖然談不上多麼富裕，至少祖上留下了一點田地，可以保障基本生活，丈夫又從小拜師學藝會做一些竹器，在幫著父母耕作之餘，還可以製作竹器拿到鎮上去賣，貼補家用，一家人的日子過得還算寬裕。

可惜，好景不長，當臺灣被割讓給日本，日軍隨即登陸澳底之後，平靜的日子就被澈底的打破了。因為日軍受到臺灣義勇軍激烈的抵抗，八堵位於從基隆至臺北的必經之路，遂不可避免受到了戰火的摧殘，再加上當時有嚴重的傳染病，兩位老人家不幸先後都離開了人世。

等到戰火消停，背負了一身債務的小倆口不得不把田地和房產全部賣掉，搬到瑞芳山腳下去住。他們齊心協力蓋了一間簡陋的茅草屋，在附近種一點菜，做丈夫的還會到山上砍

一些竹子，像以前一樣製作竹器，再讓妻子拿到基隆去賣，日子勉強還可以維持。

在他們住的地方，後面有一座山洞，附近還有一個池塘，水質不錯，滿清澈的，婦人天天都來這裡洗衣服。有一天，婦人在基隆賣完竹器，正打算回家的時候，在菜市場看到有人在賣小鴨，忽然興起一個念頭：何不買幾隻小鴨回去，養在那個池塘裡？這樣至少等小鴨長大了以後，要吃鴨蛋就不愁了，好歹可以補充營養。

於是，她就真的買了十幾隻小鴨回家，然後放養在池塘裡，倒也省事。不到幾個月，鴨子一個個都長得很好，下的蛋也很大，為數也不少，每天在草叢裡都可以撿到十幾個大鴨蛋，夫妻倆吃不完，還可以拿到基隆去賣。

這樣過了一段時間，一天，婦人無意中發現鴨屎中有幾粒像黃豆般那樣的金黃色硬硬的東西。

這是什麼呢？婦人覺得很奇怪，撿起來看了又看，怎麼看都覺得像金子，可是這怎麼可能呢？難道他們的鴨子會拉金屎不成？這也未免太不可思議了吧！

婦人首先想要弄清楚這些小小硬硬的金黃色的東西究竟是什麼？便把它們洗乾淨放在身上，等到第二天帶著竹器和鴨蛋去基隆賣的時候，順便跑到銀樓拿給老闆看。結果，經過老闆鑑定，這些小顆粒居然還真的是金子！

夫妻倆自然是喜出望外！

不過，他們在忙著從鴨屎中繼續去找金子之餘，也仔細思考這件奇事的來龍去脈，想弄清楚怎麼會這樣？

他們不相信鴨子真的會拉金屎，那麼合理的解釋就是——鴨子是先吃了含金子的食物以後再排泄出來的。

想到這些鴨子平常都是在池塘以及山洞那裡自由覓食，夫妻倆就跑到山洞的洞口去挖泥沙，再從這些泥沙裡頭去淘金子，果然就這樣淘了不少的金子，三年之後，夫妻倆甚至因此在基隆買了一棟漂亮的房子。

他們靠這個山洞淘金發財的故事傳開以後，自然吸引了很多淘金客也跟著跑到這個無名山洞來淘金，後來大家就把這裡稱作「金瓜石」。

賴半街

有一個〈賴半街與羊販〉的故事，在臺灣民間流傳很廣，這個故事的背景是在臺中縣的石岡鄉，傳說石岡鄉從前有一條街叫做「賴半街」。

這個地名的由來，是源於當年在這條街上住著一個大富翁，到底有多富呢？富到整條街上有一半的店鋪都是屬於他一個人的財產，滿誇張的是吧！這個富翁姓賴，所以大家就把這條街稱作「賴半街」。

認識「賴半街」的人，有的人說他是一個大好人，也有的人說他是一個標準的「為富不仁」的傢伙，其實，這兩種說法都有道理，因為，傳說「賴半街」從前是一個尖酸刻薄又勢利的財主，可是後來竟然變成一個積極做好事的好人。

怎麼會這樣呢？傳說造成「賴半街」之所以會有如此戲劇化轉變的是一個羊販。

有一次，「賴半街」去鄉下收租。事情辦完，因為急著想要回家，只顧趕路，結果竟不知不覺不小心錯過了客棧，這麼一來，等到天色暗下來的時候，他就面臨一種「前不著村、後不著店」的窘境，怎麼辦呢？難道真的要在這荒郊野外露宿嗎？

正在著急的時候，「賴半街」忽然發現前方不遠處好像有一點隱隱約約的燈光。「賴半街」大喜過望，因為在這樣的窮鄉僻壤，有「燈光」就意味著有「人家」。

「賴半街」趕緊加快腳步，朝那燈光的方向走去。沒過多久，終於發現了一戶人家，雖然只是一棟破茅屋，但如果人家肯好心收留，至少今天晚上就不必在山野之中過夜了；如果露宿荒野，委屈倒還是其次，主要的還是不安全。所以，只要有可能，當然還是要在屋子裡歇息讓人安心得多了。

於是，「賴半街」趕緊上前敲門。很快的，一個神情憔悴的男子前來應門，看到「賴半街」時微微一怔。不過，這個時候「賴半街」什麼也沒多想，就只是著急的表明自己目前所面臨的困境，並且詢問主人可不可以讓他借住一宿？

男子聽了「賴半街」的要求，似乎露出一絲苦笑，但沒有過多的考慮就大方的向「賴半街」伸出了援手，讓「賴半街」進來。稍後，還關心的問道：「你大概還沒吃東西吧？如果您不嫌棄，我可以端一碗稀飯給您……」

「太好了，太好了！請你趕快拿出來吧！」

不一會兒，男子端了一碗稀飯出來，「賴半街」一接過來，就稀里呼嚕的狼吞虎嚥。如果是在平時，對於這樣極其普通的一碗稀飯，堂堂「賴半街」這個大財主當然是看不上眼的，但是此刻他又餓又累，一碗稀飯就成了人間美味。

「賴半街」覺得自己的運氣真好，落難的時候居

然碰上這麼一個大好人，立即就對男子表示了真誠的感謝，並且表示希望男子以後有機會來石岡玩，到時候自己一定要好好的招待一番。

男子聽了，只是淡淡一笑。

「賴半街」以為人家是懷疑自己的誠意，便想要報上姓名和地址，這樣有憑有據的，日後人家只要來到石岡，就一定可以順利的找到自己。

沒想到，他還來不及報完全名，男子就說：「我認得您，您是石岡有名的大財主呀，事實上我們在幾年前還曾經見過一次。」

「是嗎？」「賴半街」十分納悶，「我怎麼沒有印象？」

於是，「賴半街」就要求男子詳細說說，他們倆究竟是在什麼地方、什麼時候見過。

「七年前，我們就在石岡的『賴半街』那條街上見過……」

男子說，他原本是一個羊販，在七年前的某一天，他趕著大批的羊途經石岡，不巧碰到了傾盆大雨，情急之下就把羊兒趕在那些屋簷下躲雨，可是，「賴半街」卻氣勢洶洶的跑出來，堅決要把他攆走，嫌他帶來的羊臊味太難聞，也唯恐他的羊群會弄髒店鋪。

「後——後來呢？」「賴半街」臉紅心跳，緊張的問道。

「後來？」羊販苦笑道：「我當然只好走了——」

羊販還表示，那趟回來以後，因為羊群淋了雨，回來後就都病倒，終於全部死絕，他受此重創，不但血本無歸，還欠下了一大筆債務，無奈之下只好把房子賣掉，住到這偏僻的破茅屋來。

「如果不是這樣，我們今天就不會再見面了。」羊販說。

「賴半街」聽了，真是慚愧得無以復加，因為在他看來，羊販此時應該說：「如果不是你，我今天也不會淪落到如此悲慘的境地，這一切都是你害的！」

更讓「賴半街」深感汗顏的是，對於七年前的事，羊販毫不記恨，今天當自己陷入困境的時候，羊販仍然願意熱心相助——唉，和羊販比較起來，自己實在是太差勁了！

翌日，當「賴半街」安全返家以後，他首先要做的第一件事，就是派人趕緊送了五千兩銀子給羊販，作為補償和答謝。同時，認識「賴半街」的人都驚奇的發現，「賴半街」從此改頭換面，成了一個熱心公益的好人。

葫蘆墩

位於臺灣中部的豐原，從前的名字叫做葫蘆墩。這麼可愛有趣的地名，據說完全是依據當時的地形而來，因為在很早以前，這裡看起來就像是一個大葫蘆，有葫蘆頭、葫蘆頸、葫蘆身子以及葫蘆底，維妙維

肖。

傳說從前這裡經常發生火災，雖然不少人都說這裡是一塊難得的福地和寶地，就算有火災好像也是愈燒愈旺，但火災頻仍還是給老百姓的生命財產帶來威脅，因此大家當然還是要不斷加強防火。後來，經過一代又一代的努力，這裡的火災終於明顯的減少，人口也大量增加，而隨著發展愈來愈好、愈來愈快，原本葫蘆的形狀也在不知不覺之中悄然發生了變化，於是，大家便把昔日的「葫蘆墩」改名為「豐原」。

日月潭的獨木舟

在臺灣眾多的景點之中，日月潭的名氣很大，數一數二。「日月潭」的得名，主要是因為潭水的形狀：北邊的一半像太陽一樣呈圓形，南邊的一半卻被石頭圍成月牙形，「日」和「月」在一起，所以叫做「日月潭」。

有一個關於日月潭的民間傳說，是聚焦在很久很久以前，當人們還沒有什麼交通工具的時候，是怎麼橫渡日月潭的？傳說，是五個青年從一隻小老鼠的身上得到了靈感，學到了一個好辦法。

那天，這五個青年像往常一樣一起外出打獵。為了追捕一頭非常靈巧的鹿，他們來到了被山岳環抱的日月潭，潭水中有幾個孤島。當他們發現那頭鹿在潭水裡，而且正朝著一座孤島游過去的時候，都非常著急，趕緊放箭，但是因為那頭鹿已經游出他們的射程，就算射再多的箭也是枉然，只得無奈的停手，望鹿興嘆，眼睜睜的看著那頭鹿爬上了孤島。

「真是的，要是我們也可以上那座島就好了。」五個青年都扼腕不已。

但是，日月潭那麼寬，要怎麼樣才能過去呢？

忽然，其中一個青年看到了有趣的一幕：有一隻小老鼠，正蹲在一片長長的樹皮上，小老鼠的尾巴不知道是有意還是無意還不斷在水裡划來划去，而隨著小老

鼠在水裡划動著尾巴，那片樹皮也就搖搖擺擺慢慢的往前進。

「哈哈，我知道啦！」最先發現小老鼠的那個青年高興的對同伴說：「我們何不學著小老鼠的樣子過去？」

大家都一頭霧水，青年還特意指了一隻小老鼠，要大家看，想讓大家明白自己的意思。

可是，一個愣頭愣腦的青年聽了，只說：「你瘋啦！我們比小老鼠重那麼多，怎麼可能蹲在樹皮上？那不馬上就沉下去才怪！」

其他三個青年似乎也不是很理解，出主意的青年只好把自己的想法再詳詳細細的解釋了一番，這麼一來，大夥兒總算都明白了，並且也都覺得不妨一試。

於是，他們趕緊一起跑到附近的山林，砍倒一棵樹，再合力把樹幹上的枝葉砍掉，再把樹幹中間挖空，頓時變出一隻活像樹皮一樣輕盈的小船。他們隨後又砍了幾根堅固的樹枝，當作「小老鼠的尾巴」。接下來，他們把小船推進潭裡，兩個青年坐進去，再一起學著小老鼠在水裡划動尾巴的樣子，用樹枝划動著小船前進。

一開始，兩個人配合得還不夠好，小船在潭水裡猛打轉兒，不過，等過了一段時間，兩人很快便找到了竅門，默契大大提高，終於順利的划動小船，使小船朝著孤島的方向前進。

後來，靠著這隻小船，五個青年不僅登上孤島補捉到了那頭鹿，還可以在潭水中自由來回。其他的同伴看了，都很羨慕，紛紛效法他們也做起小船和槳。從此，大家都可以輕輕鬆鬆的渡過日月潭了。後來，大家便把這種小船叫做「獨木舟」。

國家圖書館出版品預行編目資料

30個臺灣地景故事／管家琪文；江長芳圖 .
--初版 . --臺北市：幼獅，2015.02
面；　公分. --（故事館；33）

ISBN 978-957-574-985-9（平裝）
1.人文地理 2.通俗作品 3.臺灣

733.4　　　　　　　　103025559

・故事館033・

30個臺灣地景故事

作　　者＝管家琪
繪　　圖＝江長芳
出 版 者＝幼獅文化事業股份有限公司
發 行 人＝李鍾桂
總 經 理＝王華金
總 編 輯＝林碧琪
主　　編＝林泊瑜
編　　輯＝周雅娣
美術編輯＝游巧鈴
總 公 司＝10045臺北市重慶南路1段66-1號3樓
電　　話＝(02)2311-2832
傳　　真＝(02)2311-5368
郵政劃撥＝00033368

印　刷＝祥新印刷股份有限公司
定　價＝280元
港　幣＝93元
初　版＝2015.02　三刷＝2019.05
書　號＝984192

幼獅樂讀網
http://www.youth.com.tw
e-mail:customer@youth.com.tw
幼獅購物網
http://shopping.youth.com.tw

行政院新聞局核准登記證局版臺業字第0143號

幼獅文化公司／讀者服務卡／

感謝您購買幼獅公司出版的好書！

為提升服務品質與出版更優質的圖書，敬請撥冗填寫後（免貼郵票）擲寄本公司，或傳真（傳真電話02-23115368），我們將參考您的意見、分享您的觀點，出版更多的好書。並不定期提供您相關書訊、活動、特惠專案等。謝謝！

基本資料

姓名：……………………先生／小姐

婚姻狀況：□已婚 □未婚　職業：□學生 □公教 □上班族 □家管 □其他

出生：民國……………年……………月……………日

電話：（公）……………（宅）……………（手機）……………

e-mail：……………………

聯絡地址：……………………

1.您所購買的書名：**30個臺灣地景故事**

2.您通常以何種方式購書？：□1.書店買書 □2.網路購書 □3.傳真訂購 □4.郵局劃撥
（可複選）□5.幼獅門市 □6.團體訂購 □7.其他

3.您是否曾買過幼獅其他出版品：□是，□1.圖書 □2.幼獅文藝 □3.幼獅少年
□否

4.您從何處得知本書訊息：□1.師長介紹 □2.朋友介紹 □3.幼獅少年雜誌
（可複選）□4.幼獅文藝雜誌 □5.報章雜誌書評介紹……………報
□6.DM傳單、海報 □7.書店 □8.廣播(　　　　)
□9.電子報、edm □10.其他……………

5.您喜歡本書的原因：□1.作者 □2.書名 □3.內容 □4.封面設計 □5.其他

6.您不喜歡本書的原因：□1.作者 □2.書名 □3.內容 □4.封面設計 □5.其他

7.您希望得知的出版訊息：□1.青少年讀物 □2.兒童讀物 □3.親子叢書
□4.教師充電系列 □5.其他

8.您覺得本書的價格：□1.偏高 □2.合理 □3.偏低

9.讀完本書後您覺得：□1.很有收穫 □2.有收穫 □3.收穫不多 □4.沒收穫

10.敬請推薦親友，共同加入我們的閱讀計畫，我們將適時寄送相關書訊，以豐富書香與心靈的空間：

(1)姓名……………e-mail……………電話……………

(2)姓名……………e-mail……………電話……………

(3)姓名……………e-mail……………電話……………

11.您對本書或本公司的建議：

廣　告　回　信
臺北郵局登記證
臺北廣字第942號

請直接投郵　免貼郵票

10045　臺北市重慶南路一段66-1號3樓
幼獅文化事業股份有限公司

請沿虛線對折寄回

客服專線：02-23112832分機208　傳真：02-23115368
e-mail：customer@youth.com.tw
幼獅樂讀網http：//www.youth.com.tw